PSICOPATOLOGIA E PSICODINÂMICA
NA ANÁLISE PSICODRAMÁTICA

VOLUME II

Dados Internacionais de Catalogação na Publicação (CIP)
(Câmara Brasileira do Livro, SP, Brasil)

Dias, Victor R. C. S.
  Psicopatologia e piscodinâmica na análise
psicodramática, volume II / Victor R. C. S. Dias,
Virgínia de Araújo Silva. — São Paulo: Ágora, 2008.

Bibliografia
ISBN 978-85-7183-037-0

1. Psicodrama 2. Psicopatologia 3. Psicoterapia
psicodinâmica 4. Psiquiatria I. Silva, Virgínia
de Araújo. II. Título.

08-00965   CDD-150.98

Índice para catálogo sistemático:

1. Análise psicodramática : Psicopatologia e psicodinâmica :
         Psicologia   150.198

Compre em lugar de fotocopiar.
Cada real que você dá por um livro recompensa seus autores
e os convida a produzir mais sobre o tema;
incentiva seus editores a encomendar, traduzir e publicar
outras obras sobre o assunto;
e paga aos livreiros por estocar e levar até você livros
para a sua informação e o seu entretenimento.
Cada real que você dá pela fotocópia não-autorizada de um livro
financia o crime
e ajuda a matar a produção intelectual de seu país.

VICTOR R. C. S. DIAS
VIRGÍNIA DE ARAÚJO SILVA

PSICOPATOLOGIA E PSICODINÂMICA
NA ANÁLISE PSICODRAMÁTICA

VOLUME II

PSICOPATOLOGIA E PSICODINÂMICA
NA ANÁLISE PSICODRAMÁTICA
Volume II
Copyright © 2008 by Victor R. C. S. Dias e Virgínia de Araújo Silva
Direitos desta edição reservados por Summus Editorial

Editora executiva: **Soraia Bini Cury**
Assistentes editoriais: **Bibiana Leme e Martha Lopes**
Capa: **Daniel Rampazzo / Casa de Idéias**
Projeto gráfico: **Daniel Rampazzo / Casa de Idéias**
Diagramação: **Raquel Coelho / Casa de Idéias**
Impressão: **Sumago Gráfica Editorial**

Editora Ágora
Departamento editorial:
Rua Itapicuru, 613 – 7º andar
05006-000 – São Paulo – SP
Fone: (11) 3872-3322
Fax: (11) 3872-7476
http://www.editoraagora.com.br
e-mail: agora@editoraagora.com.br

Atendimento ao consumidor:
Summus Editorial
Fone: (11) 3865-9890

Vendas por atacado:
Fone: (11) 3873-8638
Fax: (11) 3873-7085
e-mail: vendas@summus.com.br

Impresso no Brasil

Dedico este livro como um estímulo profissional para a Denise e o Gabriel.

Virgínia

Sumário

APRESENTAÇÃO, 9

1. PSICODINÂMICA DAS DEFESAS INTRAPSÍQUICAS NA ANÁLISE PSICODRAMÁTICA, 11

2. PSICODINÂMICA DOS VÍNCULOS COMPENSATÓRIOS, 101

3. PSICODINÂMICA DO ESQUIZÓIDE: ETIOLOGIA, PSICOPATOLOGIA E PSICOTERAPIA, 129

4. PSICOPATOLOGIA E PSICODINÂMICA DO NARCISISMO, 189

REFERÊNCIAS BIBLIOGRÁFICAS, 225

Apresentação

Caro leitor,

Este segundo volume de *Psicopatologia e psicodinâmica na análise psicodramática* foi escrito quase que integralmente pela Virgínia.

Virgínia vem me acompanhando e tem contribuído muito na formulação e no desenvolvimento da Análise Psicodramática, principalmente nos aspectos relacionados às equivalências com outras teorias, ao desenvolvimento psicológico, à psicopatologia e à psicodinâmica.

O capítulo 1 apresenta toda a sistematização das defesas intrapsíquicas, sua função "tamponadora" da 2ª zona de exclusão, além da estratégia psicoterápica na sua identificação e na desmobilização no *setting* terapêutico.

Do capítulo 2 consta o conceito de vínculos compensatórios e de função delegada, sua etiologia, suas características e a estratégia psicoterápica no rompimento e no desmonte desse tipo de vínculo.

Com base nos estudos realizados por Virgínia, conseguimos elaborar a etiologia, a psicopatologia e a psicodinâmica tanto do esquizóide quanto do narcisismo descritos nos capítulos 3 e 4.

Um cordial abraço, e votos de boa leitura.

Victor R. C. S. Dias

1. Psicodinâmica das defesas intrapsíquicas na análise psicodramática

Este capítulo aborda o tema das defesas psicológicas no contexto clínico–terapêutico, focado no conceito das defesas intrapsíquicas desenvolvido pela teoria da Análise Psicodramática.

O objeto deste estudo é, com base em observações clínicas, sistematizar uma série de critérios para o reconhecimento das defesas intrapsíquicas mobilizadas, exteriorizadas ou não no *setting* terapêutico.

Esse tema apresenta relevância clínica por estabelecer critérios para auxiliar o terapeuta a reconhecer e diagnosticar precocemente esse fenômeno. Esses critérios são fundamentados no conceito teórico da defesa específica mobilizada no paciente e em observações clínicas a respeito do conjunto de sensações e reações desencadeadas no terapeuta.

Esta leitura oferece subsídios para o terapeuta identificar quando a defesa do paciente mobilizada na vida está se ins-

VICTOR R. C. S. DIAS - VIRGÍNIA DE ARAÚJO SILVA

talando no campo relacional terapêutico, mesmo que ainda não tenha se manifestado no comportamento, no discurso ou nas atitudes do paciente.

A vantagem desses critérios é possibilitar ao terapeuta, por meio de suas sensações e reações básicas, reconhecer se determinada defesa intrapsíquica está se instalando no *setting* antes mesmo de uma percepção teórica e clara a respeito dessa defesa. Isso possibilita procedimentos terapêuticos preventivos no sentido de desmobilizar a defesa antes que a terapia seja bloqueada.

No decorrer de minha experiência clínica como psicoterapeuta e supervisora, fui me interessando em observar determinadas sensações e reações desencadeadas no terapeuta em momentos específicos do processo de terapia do paciente.

Noto que a produção científica no referencial do psicodrama moreniano não apresenta uma teoria sistematizada a respeito das defesas psicológicas que possa responder a minhas observações clínicas ou explicá-las. Essa falta acarreta inúmeras dificuldades para a condução e para o aprofundamento de uma psicoterapia psicodramática de forma processual. Dentre as abordagens terapêuticas com referência no psicodrama, a Análise Psicodramática é a que melhor apresenta uma fundamentação teórica sobre os sistemas de defesa do psiquismo e, em especial, sobre as defesas intrapsíquicas.

O objetivo deste estudo é sistematizar, com base na Análise Psicodramática, a descrição teórica de algumas defesas e estabelecer uma série de critérios clínicos para o diagnóstico precoce dessas defesas exteriorizadas no *setting* terapêutico. A pergunta básica que formulo é: "Como reconhecer uma defesa mobilizada no intrapsíquico e instalada ou em fase de instalação no *setting* terapêutico?"

O caminho escolhido para tentar responder a essa questão é o método qualitativo: na análise das observações clínicas de pacientes em processo de terapia, das principais dificuldades apresentadas pelos terapeutas no contexto de supervisão e das observações a respeito das reações psicológicas apresentadas pelos outros terapeutas–supervisionandos no contexto de supervisão de grupo ao trabalharem com o paciente internalizado de determinado terapeuta.

Para estabelecer correlação entre a teoria e a prática, apresento a seguinte seqüência:

- um breve histórico sobre o conceito de defesa em algumas abordagens terapêuticas;
- síntese da fundamentação teórica desenvolvida pela Análise Psicodramática em relação aos sistemas de defesa do psiquismo;
- localização da Análise Psicodramática em relação às outras escolas terapêuticas, à Teoria das Defesas;
- descrição de cada uma das defesas do ponto de vista teórico;
- critérios para o reconhecimento específico de cada defesa mobilizada, exteriorizada ou não no *setting* terapêutico.

BREVE HISTÓRICO SOBRE OS SISTEMAS DE DEFESA

Desde o início da psicanálise, o fenômeno dos processos defensivos do psiquismo foi tema de preocupação dos terapeutas.

Essa preocupação nasceu das dificuldades encontradas pelo terapeuta conforme o processo psicoterápico do paciente ia se tornando mais profundo e mais complexo.

A principal dificuldade, em síntese, constituía-se em como acessar a parte do psiquismo bloqueada por alguma forma de defesa e, portanto, como dar continuidade ao processo de terapia estagnado com a instalação da defesa no contexto da psicoterapia.

Com base em observações clínicas, cada escola de psicoterapia apresenta uma leitura particular do conceito e da função das defesas. Cria uma terminologia própria, uma teoria explicativa e um método terapêutico para tratar um fenômeno que, na verdade, é sempre o mesmo.

Assim, com a observação clínica do mesmo fenômeno, do funcionamento psicológico saudável e patológico do ser humano, várias abordagens terapêuticas se desenvolveram após a psicanálise freudiana.

Com o objetivo de contextualizar o conceito de defesa, apresento um breve histórico.

O período entre 1892 e 1896 é marcado por inúmeras descobertas feitas por Freud, no campo dos sistemas defensivos do psiquismo. Nessa fase, Freud dedica-se ao estudo da histeria, utilizando o método da hipnose.

Em seus primeiros escritos sobre a histeria, Freud define o Ego como o agente das operações defensivas do psiquismo. Utiliza o termo *Clivagem do Ego*, *Clivagem do Psiquismo* ou *Clivagem da Consciência* para descrever o primeiro fenômeno que reconhece como uma defesa psíquica. Define clivagem como um desdobramento do Ego, em uma parte que observa e uma parte que é observada.

Mais tarde, em 1927, em artigo sobre o fetichismo, volta ao conceito, denominando-o Divisão Intrapsíquica, e traz a noção de o homem dividir-se de si mesmo pelo mecanismo de Divisão do Ego no processo de defesa.

À luz do conhecimento atual, podemos entender que o primeiro mecanismo de defesa identificado por Freud foi o Mecanismo da Dissociação, na época chamado de Clivagem do Ego. O termo *Defesa*, segundo Anna Freud, só foi grafado pela primeira vez em 1894.

Em 1897 Freud lança a Teoria do Recalque, e a questão teórica da relação entre recalque e defesa tornou-se muito confusa nesse período. Segundo Laplanche e Pontalis (1991), o termo recalque é utilizado muitas vezes por Freud numa acepção que o aproxima do de defesa (em nossa forma de ver, incorreríamos num erro teórico entender o recalque – repressão – como sinônimo ou substituto de defesa). Nesse período, Freud envolvia-se com a construção da Teoria do Recalque, considerada por ele pilar-mestre da psicanálise.

A repressão (recalque) ganha importância especial nos mecanismos de defesa do Ego por ser considerada um fator constitutivo da formação do inconsciente. O mecanismo do recalque é entendido aqui como um entre vários mecanismos de defesa e apresenta uma função psicológica específica do ponto de vista psicanalítico na formação do inconsciente e do superego.

Aliás, é curioso observar que, para aquela época de intensa repressão sexual, fazia sentido que esse mecanismo de defesa estivesse mais presente; hoje em dia, talvez, a repressão seja um mecanismo de defesa de menor importância. Em nossa época, caracterizada pelas patologias narcísicas e *borderline*, o mecanismo de dissociação ganha maior importância do que o da repressão.

Dessa forma, o recalque – ou recalcamento – é definido por Freud como o mecanismo pelo qual o Ego reprime as pulsões sexuais e agressivas. Freud teoriza que o conteúdo recalcado (reprimido) retorna como sintoma em alguma época da vida ou se manifesta nos sonhos, na forma de atos falhos etc. Com a Teoria do Recalque, Freud lança a base teórica para o estudo das psiconeuroses e da interpretação dos sonhos.

Ainda nesse período, de 1894 a 1896, ele retoma o tema da defesa nos artigos sobre as psiconeuroses de defesa, e procura identificar, além da repressão, outros mecanismos de defesa presentes na histeria, nas fobias, nos quadros obsessivos e na paranóia.

Em novas observações sobre as psiconeuroses de defesa, Freud postula que o principal mecanismo de defesa da histeria é a conversão dos afetos; o da neurose obsessiva, o deslocamento ou a substituição dos afetos; e o da paranóia, a projeção.

O conceito de defesas intrapsíquicas desenvolvido pela Teoria da Análise Psicodramática apresenta equivalência teórica com o conceito de psiconeurose de defesa.

Ainda na fase dos estudos sobre histeria (1895), Freud começa a observar que, mesmo com todo o conhecimento a respeito do inconsciente, algo acontecia no processo terapêutico que a interpretação não provocava, em alguns casos, a transformação ou a remissão dos sintomas. Mais tarde, no texto "O ego e o id", chama a esse fenômeno de Resistência. A princípio, define resistência como tudo o que perturba a continuação do trabalho analítico, entendendo-a como um fenômeno que se manifesta no campo interpessoal.

É importante, nesse ponto, ressaltar que a resistência foi compreendida como um fenômeno interpessoal que acontecia na relação analista–analisando e os mecanismos de defesa do Ego (clivagem, repressão, deslocamento, projeção etc.) e as psiconeuroses de defesa (sintomas conversivos, fóbicos e obsessivos), como um fenômeno intrapessoal ou intrapsíquico.

O fenômeno da resistência foi descoberto com base nas observações clínicas de Freud em relação ao fato de que alguns pacientes apresentavam uma recusa, na forma de uma resistência maciça à sugestão e à hipnose, o que constituía um obstáculo à elucidação dos sintomas e à progressão do tratamento.

Nesse momento, Freud havia diagnosticado uma forma de resistência em relação ao método da hipnose. Começa, então, a ampliar suas observações para as resistências que aconteciam no *setting* terapêutico, como silêncios, sono, faltas, atrasos, assim como para os atos e o discurso do analisando durante a sessão analítica.

Nessa fase, antes de 1900, Freud trabalhava com os conceitos de Defesas do Ego, Psiconeuroses de Defesa e Resistência, não os deixando muito claros, mas sugerindo que se tratava de fenômenos distintos, mas interligados.

Anna Freud é quem coloca que a análise das resistências não se distingue da análise das defesas do Ego na situação analítica. Em 1926, no texto "Inibição, sintoma e angústia", Freud identifica algumas formas de resistência e, entre elas, destaca a Resistência de Transferência e o Benefício Secundário da Doença.

Nesse período, o conceito de Transferência já estava bem fundamentado e compreendido como "o processo pelo qual os desejos e representações inconscientes se atualizam na relação analítica". Em outras palavras, os fenômenos transferenciais são compreendidos como reedições das vivências do passado.

Na transferência, essas experiências não são simplesmente recordadas como algo que pertence ao passado; são revividas, presentificadas, e, no contexto terapêutico, aplicadas à pessoa do terapeuta. O modelo relacional primitivo introjetado é então reeditado na relação transferencial, tanto na vida como na terapia.

O conceito de Contratransferência também é de autoria de Freud, mas, segundo Laplanche e Pontalis (1991), são raríssimas as passagens em sua obra em que esse fenômeno é abordado. Considerações semelhantes podem ser encontradas nos escritos do psicanalista britânico Sérvulo Figueira.

Para Freud, a definição do conceito consiste em "O conjunto de reações inconscientes do analista à pessoa do analisando, uma reação em particular à transferência deste" (*apud* Laplanche e Pontalis, 1991, p. 102). No campo psicanalítico, essa definição foi sendo aos poucos ampliada como uma reação patológica do terapeuta, conseqüência de seus conflitos intrapsíquicos não resolvidos. Outras formas de compreender o fenômeno da contratransferência do terapeuta foram desenvolvidas mais tarde, embora essa primeira definição seja considerada ainda hoje um conceito clássico do termo.

Estamos agora no período pós-1900, no qual Freud introduz a noção de Neurose de Transferência, com o conceito de que o paciente repete na transferência seus conflitos infantis. Considera-a uma neurose artificial, criada pela condição analítica e a localiza dentro do grupo das psiconeuroses. No decorrer de suas observações clínicas, passa a considerar a instalação da neurose de transferência no contexto analítico um fator positivo na dinâmica do tratamento. E a contratransferência do terapeuta, um fator negativo que obstrui a evolução do tratamento analítico.

Essa formulação leva Freud a considerar fundamental a terapia do terapeuta e a lançar o modelo da Análise Didática do Psicanalista.

Já em 1910, num texto em que debate as perspectivas futuras da psicanálise, Freud faz um interessante comentário a respeito do psicanalista.

Tornamo-nos cientes da contratransferência, que, nele, surge como resultado da influência do paciente sobre os seus sentimentos inconscientes e estamos quase inclinados a insistir que ele reconhecerá a contratransferência em si mesmo e a sobrepujará [...] Nenhum psicanalista vai além do que lhe permitem os seus próprios complexos e as suas resistências internas... (Freud, 1910, p. 130)

Um século depois, continuamos observando e comprovando no trabalho clínico a profunda sabedoria contida nessa afirmação.

Freud demonstrava uma enorme preocupação em relação ao uso indevido que os terapeutas poderiam fazer ao lidar com os aspectos contratransferenciais na relação terapêutica. Tal preocupação é explicitada na veemente afirmação: "Não basta que o terapeuta seja uma pessoa aproximadamente normal: deve-se insistir que tenha passado por uma 'purificação' analítica" (Freud, 1912, p. 154). Em 1912, no artigo "Recomendações aos médicos que exercem a psicanálise", ao abordar o tema do inconsciente, postula: "Tenho boas razões para asseverar que todos possuem em seu próprio inconsciente um instrumento com que podem interpretar as elocuções do inconsciente das outras pessoas" (Freud, 1913, p. 402). A afirmação "O analista deve voltar seu próprio inconsciente como órgão receptor na direção do inconsciente transmissor do paciente" (Freud, 1912, p. 115) serviu como base teórica para uma nova concepção do fenômeno da contratransferência desenvolvida mais tarde. Observamos que, nesse artigo, Freud reconhece que os sentimentos inconscientes do terapeuta, uma vez elucidados, podem servir como instrumento para o trabalho analítico. Mas, em nenhum momento, inclui essa observação no conceito de contratransferência. Esta foi objeto maior de estudo dos terapeutas pós-freudianos que desenvolveram uma psicanálise baseada na Teoria das Relações Objetais, ou seja, uma psicanálise com orientação conceitual mais voltada para o foco ambiental.

A idéia lançada por Freud de que o inconsciente do terapeuta poderia servir de guia para a interpretação do inconsciente do paciente – como uma ressonância do inconsciente do terapeuta ao inconsciente do paciente – foi definida e estudada pelos terapeutas pós-freudianos na medida em que valorizavam cada vez mais a dinâmica relacional da psicoterapia.

Entre as diversas escolas do pensamento psicanalítico que se desenvolveram no período pós-Freud, destaca-se o grupo pertencente à Sociedade Inglesa de Psicanálise, tendo Melanie Klein como seu principal expoente.

Quanto ao tema dos mecanismos de defesa do psiquismo, considero a grande contribuição de M. Klein: o aprofundamento teórico na compreensão dos mecanismos de projeção, identificação, e, principalmente, a elucidação do mecanismo de identificação projetiva.

Acompanhando a evolução histórica do conceito de contratransferência, damos um salto agora para as décadas de 1940 e 1950. Nesse período ocorreu uma explosão de interesse pelas questões contratransferenciais no campo psicanalítico. Tal movimento ficou conhecido como *Boom* da Contratransferência. Klein defendia firmemente a posição de que os sentimentos contratransferenciais do terapeuta interferem negativamente, obstruindo o processo terapêutico. De acordo com sua concepção, eles precisam ser eliminados pela análise do analista. Na relação com seus supervisionandos e discípulos, M. Klein se preocupava particularmente com a "moda" da contratransferência que surgia.

Sueli Gallo, psicanalista brasileira, em um texto sobre contratransferência na obra de M. Klein, conta-nos que se um supervisionando tendia a falar muito sobre os sentimentos que um paciente lhe despertava, M. Klein reagia com energia: "Escute, diga isso a seu analista, o que eu quero saber é alguma coisa a respeito de seu paciente" (Gallo, 1994, p. 64). Reproduzo essas palavras por considerar curioso observar essa forma de intervenção de M. Klein no papel de supervisora.

De forma oposta, este estudo foi estimulado principalmente pelas observações realizadas do relato e das sensações dos terapeutas a respeito de seus pacientes na situação de supervisão.

O crédito pela noção do fenômeno da contratransferência como instrumento valioso de pesquisa do inconsciente do paciente é conferido a Paula Heimann, psicanalista e discípula dissidente de M. Klein.

Em virtude do momento histórico e político dentro da Sociedade Inglesa de Psicanálise e particularmente pela ruptura com M. Klein, seu artigo "On countertransference", publicado em 1950, passou para a história como um verdadeiro clássico sobre o tema (Oliveira, 1994, p. 89).

Ainda nas décadas de 1940 e 1950, um outro grupo, conhecido como Grupo Independente da Sociedade Britânica, começa a despontar no cenário psicanalítico. Entre os importantes psicanalistas integrantes desse grupo, destaco em especial o pensamento de D. Winnicott, médico que fez o percurso da pediatria à psicanálise.

No início de sua formação psicanalítica, Winnicott envolveu-se com as idéias do grupo kleiniano. No decorrer de sua experiência clínica, discordou de algumas idéias de M. Klein. Criou uma original teoria de desenvolvimento, com metodologia própria, principalmente para o tratamento analítico dos pacientes psicóticos, *borderline* e anti-sociais.

A importância de Winnicott, a nosso ver, não é exatamente a inovação dos conceitos psicanalíticos, mas a capacidade de observação clínica e de formulação de idéias que se originam da leitura dos fenômenos psicológicos baseados na clínica e não na teoria.

Em relação ao tema da contratransferência, Winnicott delimita o uso desse termo ao conceito clássico de Freud ao afirmar:

[...] o significado da palavra contratransferência só pode ser o de aspectos neuróticos que estragam a "atitude profissional" e perturbam o curso do processo analítico determinado pelo paciente. (Winnicott, 1960, p. 150, *apud* Ramos, 1994, p. 143)

Na análise do psicótico desenvolve a idéia das reações emocionais do terapeuta como instrumento valioso para o tratamento. Nesse campo é que ocorreu a grande contribuição de Winnicott em relação à postura do terapeuta e à técnica psicanalítica.

Nessa concepção, ele entende que, muitas vezes, o paciente apresenta uma necessidade inconsciente de provocar a contratransferência do terapeuta para comunicar como se sente, por meio da identificação projetiva.

Desenvolve a idéia do terapeuta na relação não apenas como o espelho técnico, que revela somente uma imagem, mas como o espelho empático, que revela os sentimentos inconscientes e possibilita a elaboração de experiências do passado.

É interessante a leitura do texto "Ódio na contratransferência"(1978), no qual Winnicott apresenta um caso clínico para ilustrar como trabalha na postura de espelho empático, captando o sentimento de ódio inconsciente do paciente. E também do caso clínico apresentado no livro *O brincar e a realidade* (1975, p. 104), em que relata como o terapeuta trabalha com a contratransferência nessa postura, refletindo as dinâmicas inconscientes captadas e como instrumentaliza tecnicamente a devolução ao paciente.

Em síntese, hoje, as principais escolas de psicoterapia aceitam dois conceitos de contratransferência:

- *Conceito clássico freudiano*: que ressalta a "patologia" do terapeuta, compreendida como pontos cegos do terapeuta resultantes de seus conflitos internos não resolvidos.
- *Conceito de contratransferência*: compreendido como o mais valioso instrumento de pesquisa dos processos inconscientes do paciente.

Nesse ponto, quero esclarecer que o objetivo deste estudo não é me aprofundar no tema da transferência e da contratransferência. Percorri esse caminho somente para poder contar com subsídios teóricos para fundamentar as observações clínicas desenvolvidas no decorrer deste livro.

Voltemos agora ao tema central, se vocês ainda se lembram, sobre os sistemas de defesa do psiquismo; estávamos no período pós-1900. Nessa altura, em relação aos sistemas de defesa, Freud havia percorrido o seguinte caminho:

Clivagem do Ego – Mecanismos de Defesa do Ego – Psiconeuroses de Defesa – Transferência – Contratransferência – Neurose de Transferência – Resistência.

A descoberta do fenômeno da resistência leva Freud a abandonar o trabalho com a hipnose e a desenvolver novos métodos para a abordagem do inconsciente.

Diante da complexidade do trabalho com as defesas, consideramos que Freud encontrou uma brilhante saída. Com base na premissa teórica de que o inconsciente não opõe nenhuma espécie de resistência ao tratamento, passa a se preocupar em desenvolver um método de acesso direto ao inconsciente.

Assim, a partir de 1899, desenvolve a Metodologia da Análise dos Sonhos, da Interpretação dos Sintomas pela Associação Livre e da Interpretação da Transferência, uma vez instalada a neurose de transferência no contexto analítico.

A observação clínica a respeito das resistências de transferência leva Freud a considerar que esse fenômeno também causava um bloqueio no processo de associação livre, o que teoriza como outra forma de resistência do paciente que obstrui a evolução da análise.

Em 1900, publica *A interpretação dos sonhos*, considerado por ele o seu maior livro, e dedica-se ao estudo dos sonhos.

O tema das defesas deixa de ser seu foco central, embora apareçam em alguns textos após 1900 como revisão teórica ou novas considerações. Freud, nessa época, enveredava para a construção da teoria no campo da interpretação dos sonhos, mas considerava que o progresso da técnica analítica consistia também da elucidação dos fenômenos da resistência no contexto terapêutico. Propõe, então, ao seleto grupo de psicanalistas que participava dos famosos Seminários para a Terapêutica Psicanalítica de Viena aprofundar a compreensão desse fenômeno da resistência e desenvolver uma nova metodologia de tratamento.

Reich, jovem psicanalista, então coordenador desse seminário e já envolvido com esse tema das defesas e resistências, tomou para si essa tarefa. Nessa ocasião, já havia publicado seu primeiro livro, O *caráter impulsivo* (1925), no qual apresenta um estudo psicanalítico sobre a Patologia do Ego.

Nesse período, destacam-se duas importantes contribuições: a de Anna Freud e a de Reich. Anna Freud, dentro da psicanálise, dedicou-se a desenvolver o tema das defesas do Ego, apresentando sua teoria no livro O *ego e os mecanismos de defesa*, publicado originalmente em 1946, tendo como base de seu estudo a psicanálise infantil. A autora aprofunda o estudo dos mecanismos de defesa do Ego e do fenômeno da transferência. Propõe, nesse livro, uma diferenciação dos fenômenos da transferência. A definição de transferência, tal como descrita por Sigmund Freud, mantém-se como conceito principal, mas Anna descreve um segundo tipo de transferência, ao qual denomina Transferência de Defesa, definido como repetição, no contexto analítico, de um padrão de defesa montado no passado.

A outra contribuição, de Reich, parte do estudo das patologias do Ego e acaba por desenvolver não só uma teoria, mas uma nova abordagem terapêutica. De início, formula uma importante localização teórica ao argumentar que os psicanalistas da época tinham adquirido grande compreensão sobre o inconsciente, mas pouco conheciam sobre o funcionamento do consciente.

Reich, entendendo que a resistência aparece como o modo de a pessoa se comportar, se expressar e se relacionar, começou sua observação clínica do fenômeno com foco no Conteúdo Manifesto (na forma) e não mais no Conteúdo Latente. Após a leitura das resistências superficiais, começou a se perguntar como a pessoa faz, a partir do manifesto, para se defender de suas angústias. A mudança da pergunta-chave da psicanálise – de "por quê" para "como" – levou Reich a estratificar outras formas de resistência e a correlacioná-las com os processos dinâmicos e econômicos do funcionamento psíquico, o que de início chamou de Teoria da Técnica e da Terapêutica, em que são abordadas as psiconeuroses de defesa.

Assim, desenvolve uma compreensão própria de outras patologias no campo das neuroses e das resistências e um método terapêutico ao qual chamou, em princípio, de Análise das Resistências, e que culminou com seu livro *Análise do caráter*, publicado originalmente em 1933.

No decorrer de sua obra, Reich denomina o termo "resistência" ora de defesa, ora de couraça, e teoriza três formas diferentes de resistência:

- Defesa de caráter — Couraça caracterial.
- Defesa muscular — Couraça muscular.
- Defesa de campo — Couraça energética.

Propõe, então, o novo método para trabalhar as resistências no processo de psicoterapia: metodologia centrada em interpretar o conteúdo manifesto em contrapartida ao método de interpretar o inconsciente.

Chamo a atenção para o método proposto por Reich nessa fase: interpretação sistemática dos traços de caráter neurótico para trabalhar com as couraças caracteriais.

Reich desenvolve também um método específico para trabalhar as couraças musculares, apresentado no livro *A função do orgasmo* (1975), e chama essa fase de Vegetoterapia.

E, na última fase de sua obra, conhecida como Orgonomia, começa a esboçar um método para trabalhar com as defesas de campo, as quais denomina Couraças Energéticas.

A teoria de Reich abre caminho para a criação de novas abordagens terapêuticas de linha corporal, algumas centradas na fase da vegetoterapia e outras na fase da orgonomia.

Lowen, terapeuta de formação reichiana, ao criar a escola da Bioenergética, sistematiza uma série de técnicas para trabalhar com as defesas, especificamente com as couraças musculares. O método básico desenvolvido por Lowen é, por meio de exercícios e técnicas de ação corporal, desbloquear as couraças musculares. Privilegia, entre os sistemas de defesa, as defesas musculares estudadas por Reich na fase da vegetoterapia. Apresenta, em vários livros, uma fundamentação com base na teoria psicanalítica a respeito das couraças caracteriais e formula que o que está impresso no psiquismo está também impresso no corpo, desenvolvendo, assim, uma Leitura Corporal das Defesas. A forma de terapia desenvolvida por Lowen apresenta o aspecto da técnica como pilar-mestre nos trabalhos com as defesas musculares.

Pierrakos e Lowen fundaram a Bioenergética. Pierrakos também desenvolveu, no campo das defesas, um método para trabalhar com as couraças caracteriais e com as couraças musculares, mas seguiu um caminho diferente de Lowen. Pierrakos criou sua escola de psicoterapia, cujos princípios básicos apresentou no livro *A energética da essência* (1987), partindo da análise do caráter, da resistência e da bioenergética, ampliando nesse tema das defesas as Couraças Energéticas de Campo.

Em relação às defesas de campo, direcionou sua pesquisa para o aspecto energético dos chacras e da aura.

Dentro, ainda, da influência reichiana, cito Bárbara Breennan, que desenvolveu sua pesquisa no campo das resistências voltada para as Couraças Energéticas de Campo, com base nas observações sobre a Interação dos Campos Áuricos nos Relacionamentos.

Ao privilegiar as defesas energéticas de campo, observamos que esses últimos terapeutas retomam investigações sobre o tema da resistência, desde o início compreendido por Freud como um fenômeno interpessoal.

Essa abordagem das defesas de campo tem sido uma preocupação cada vez mais freqüente dos terapeutas atuais quando lidam com os vários mecanismos de defesa durante o processo de psicoterapia e nosso cuidado em estabelecer critérios para o reconhecimento da forma psicológica das defesas de campo coincide com essa tendência atual.

Jacob Levy Moreno, fundador do psicodrama, foi um jovem contemporâneo de Freud. Iniciou seu trabalho com o Teatro Espontâneo, na mesma Viena onde fervilhava na época o Movimento Psicanalítico. O Teatro Espontâneo dá origem ao Teatro Terapêutico, ao Sociodrama, ao Psicodrama e à Psicoterapia de Grupo. Em 1921, funda o Teatro Vienense da Espontaneidade, época em que o poder e o saber psicanalítico se fortaleciam cada vez mais nos seminários para a terapêutica psicanalítica de Viena.

Moreno reconhece influências da religião, do teatro e da filosofia em sua obra, mas não reconhece influências da psicanálise em sua prática nem em sua teoria. Segundo Bustos, Moreno, ao elaborar sua obra em oposição à psicanálise, nos propõe uma falsa opção: psicodrama ou psicanálise. Essa postura de oposição levou Moreno "a contornar, com saídas veementes, problemas teóricos que existem em suas formulações somente porque do contrário coincidiria com as propostas psicanalíticas" (Bustos, 1982, p. 24).

Podemos observar de forma bastante evidente um desses problemas teóricos na formulação da Teoria de Matriz de Identidade.

Moreno elabora uma teoria de desenvolvimento original e, para driblar os conceitos psicanalíticos, prioriza somente o relacional na interação Papel–Papel Complementar, não levando em consideração o Modelo Relacional Internalizado (mundo interno).

Partindo da busca para contrapor o conceito de Transferência e de Contratransferência, Moreno cria os conceitos de Tele e Autotele, considerados um dos pontos mais relevantes de sua teoria.

Por convicção a seu compromisso com a saúde e baseado em sua postura fenomenológica existencial, não aceitava a tese generalizada – e, de certa forma, já distorcida – do conceito de Transferência originalmente proposto por Freud.

No livro *Fundamentos do psicodrama* (1984a), Moreno abre a primeira palestra com o tema Transferência e

Tele, e argumenta que alguns autores nos fazem crer que a Transferência é tudo aquilo que acontece na relação entre duas pessoas.

A psicanálise de Freud valorizava essencialmente o inconsciente, a patologia, a teoria e a técnica. Moreno contribui ao valorizar a saúde, a força de coesão tele, o consciente e a postura na relação pessoa–pessoa.

Faltou-lhe, essencialmente, considerar que as representações do mundo interno, tanto do paciente como do terapeuta, manifestam-se no campo relacional: o que traria mais consistência ao seu conceito de transferência como uma patologia da tele e uma fundamentação teórica psicodinâmica para a teoria de desenvolvimento da Matriz de Identidade, o que, sem dúvida, o levaria a reconhecer os mecanismos de defesa do psiquismo e a teorizá-los.

Em razão desses artifícios teóricos, não encontramos na teoria de Moreno nenhuma referência significativa sobre os sistemas de defesa do psiquismo, nem mesmo sobre as defesas do Ego.

Em sua teoria, Moreno não reconhece os mecanismos de defesa, mas diz Bustos: "[...] é evidente quando vemos seu trabalho, que Moreno leva em conta os mecanismos de defesa, inclusive de um ponto de vista similar ao psicanalítico" (Bustos, 1978, p. 62).

Temos a mesma impressão, quando lemos os casos clínicos que Moreno apresenta nos protocolos do livro *Psicoterapia de grupo e psicodrama.*

No livro *Psicoterapia psicodramática*, Bustos argumenta que "[...] embora a posição de Moreno em relação aos mecanismos de defesa seja coerente com sua teoria, o fato de não os reconhecer como tais tira profundidade à sua obra neste aspecto" (Bustos, 1978, p. 62). Posição esta que estamos de total acordo quando pensamos em psicoterapia individual – e mesmo de grupo –, de forma processual como hoje em dia se trabalha com o psicodrama clínico.

No Brasil, o psicodrama de Moreno foi difundido por Rojas-Bermúdez e por Bustos, ambos terapeutas argentinos e psicodramatistas formados em Beacon, pelo próprio Moreno.

Em relação ao tema dos sistemas de defesa do psiquismo, Bustos reconhece os mecanismos de defesa do Ego numa acepção teórica equivalente aos conceitos psicanalíticos. Nos exemplos clínicos apresentados em seus livros, observamos que a abordagem da psicoterapia psicodramática de Bustos aceita a teoria psicanalítica dos mecanismos de defesa, mas difere essencialmente na postura e na terapêutica ao desenvolver uma forma própria de trabalhar os conteúdos do mundo interno com o método psicodramático.

O conceito de Transferência também é compreendido de forma similar ao de Freud. Bustos traz acréscimos ao psicodrama clínico ao desenvolver o conceito de Complementaridade Interna Patológica, criado por Fairbanks, como a base dinâmica da transferência. Coloca que o papel complementar interno patológico estimula respostas no terapeuta que podem ser do tipo *patológico direto, patológico reativo* ou *télico corretivo.*

Em nossa classificação dos sistemas de defesa, *a forma patológica direta é uma reação contratransferencial do terapeuta; a forma patológica reativa é uma reação do terapeuta às defesas intrapsíquicas e a forma télica corretiva é uma reação télica do terapeuta.*

Rojas-Bermúdez, ao formular a Teoria do Núcleo do Eu, apresenta uma leitura própria em relação aos sistemas de defesa do psiquismo, à qual chama de Mecanismos Reparatórios. Aprofunda em especial a compreensão dinâmica das defesas identificadas por Freud no estudo sobre as psiconeuroses. Entende, de forma similar ao conceito das psiconeuroses de defesa, que os mecanismos reparatórios muitas vezes trazem para os indivíduos transtornos sintomáticos. A Teoria do Núcleo do Eu é desenvolvida a partir da noção de Papéis Psicossomáticos de Moreno. O psiquismo se desenvolve com a delimitação das três áreas: Mente (pensar), Corpo (sentir) e Ambiente (perceber), e com a estruturação de três modelos psicológicos: de Ingeridor, Defecador e Urinador.

A patologia é entendida como a porosidade nos modelos e como a não-delimitação total das áreas.

A função psicológica dos mecanismos de defesa, segundo Rojas-Bermúdez, é reparar as porosidades dos modelos, impedindo que as áreas se interliguem, evitando, assim, que o indivíduo entre em contato com sensações de confusão. É preferível, diz Rojas-Bermúdez, do ponto de vista emocional, conviver com os transtornos sintomáticos do mecanismo reparatório do que com a sensação interna de confusão proveniente da mistura das áreas. Identifica como sintomas os quadros:

- Conversivos e fóbicos – Modelo de Ingeridor.
- Psicopáticos e depressivos – Modelo de Defecador.
- Obsessivos e compulsivos – Modelo de Urinador.

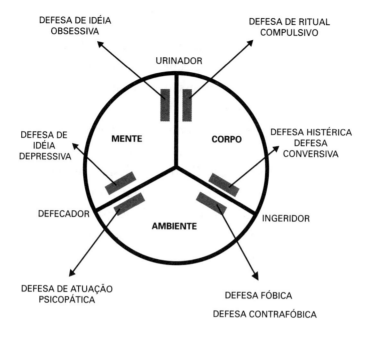

A Teoria do Núcleo do Eu prioriza o funcionamento intrapsíquico e não apresenta referência quanto ao tema da resistência no sentido dessas defesas (sintomas) instaladas no contexto da relação terapêutica.

A abordagem do psicodrama encontrou enorme ressonância entre os terapeutas brasileiros a partir da década de 1970.

A contribuição teórica dos psicodramatistas brasileiros cresceu muito nesses trinta anos, mas pouco ainda se encontra escrito de forma sistemática sobre os sistemas de defesa do psiquismo.

O livro de Castelo de Almeida, *Defesas do Ego: leitura didática de seus mecanismos*, é uma referência ao tema dentro do psicodrama. O propósito do livro não é clínico, mas didático, como deixa claro o autor; não aborda a questão psicodinâmica das defesas, antes, propõe uma reorganização teórica do conceito psicanalítico das defesas do Ego, principalmente do mecanismo de repressão, das atividades defensivas para fortalecer a repressão e das atividades defensivas para manter a repressão.

No decorrer dos anos, como conseqüência do crescimento do movimento psicodramático, foram sendo delineadas várias tendências teóricas. Entre elas, destaco as que se preocuparam em desenvolver e acrescentar ao psicodrama moreniano pressupostos teóricos com base psicodinâmica e em apresentar alguma compreensão sobre os mecanismos de defesa do psiquismo.

É interessante notar como vários psicodramatistas se preocuparam em criar, além de uma teoria, um nome próprio para designar e diferenciar sua forma de trabalhar com o psicodrama. Podemos reconhecer os seguintes:

- Psicoterapia psicodramática (Bustos).
- Psicodrama triádico (Shutzenberger e Pierre Weil).
- Psicodrama psicanalítico (Kestemberg e Jeanimet).
- Psicodrama analítico (Anzieu).
- Psicodrama com cenas regressivas (Rosa Cukier).
- Psicoterapia da relação (Fonseca).
- Análise psicodramática (Victor Dias).

Em comum, todas essas escolas apresentam:

- Postura fenomenológica existencial e uma filosofia relacional.
- Reconhecimento do universo relacional télico.
- Reconhecimento do universo relativo ao mundo interno e ao mundo interno projetado.

- Reconhecimento das relações complementares internas patológicas (conceito de transferência e de contratransferência).
- Fundamentação teórica com base psicodinâmica e/ou psicanalítica.
- Reconhecimento dos mecanismos de defesa do psiquismo.

É uma das tendências do psicodrama atual, que não mais precisa fazer oposição à psicanálise e, de forma mais profunda e consistente, continua sendo psicodrama na essência da postura, da teoria e da técnica.

Embora não estejam situados como tema central de suas obras, encontramos referências sobre os sistemas de defesa do psiquismo em todas elas, sendo que cada abordagem, coerentemente com seu corpo teórico, tende a priorizar mais um determinado mecanismo de defesa.

Rosa Cukier, por exemplo, no livro *Sobrevivência emocional* (1998), ao abordar o tema das patologias narcísicas e do *borderline*, dedica um capítulo ao Mecanismo de Dissociação.

Fonseca Filho, no livro *Psicoterapia da relação* (2000), aborda o fenômeno das defesas, com foco no sistema Tele-Transferência e na psicodinâmica, baseado no processo Relação–Separação. A Psicoterapia da Relação surge, segundo o autor, da fusão entre a Matriz de Identidade de Moreno, considerada uma porta de entrada para a psicodinâmica, e da Psicanálise Relacional, considerada parte da psicanálise que trata das dinâmicas das relações.

Em relação ao sistema de defesa, aborda fundamentalmente o fenômeno da transferência e da contratransferência, que denomina Sistema Tele-Transferência e Contratele-Transferência, considerado um só processo.

A Terapia da Relação instrumentaliza um método para trabalhar nesse sistema.

Em relação às defesas chamadas por Freud de psiconeuroses, apresenta uma leitura psicodinâmica baseada principalmente na psicanálise relacional de Bowlby.

Fonseca Filho teoriza que as posições psicodinâmicas básicas se estruturam do aprendizado do relacionar-se e do separarse, dois pólos do mesmo processo relação–separação. Para ele, a função psicológica das defesas é evitar ou diminuir a dor e o sofrimento inerentes à separação. A essa estrutura organizada de evitação do sofrimento ele dá o nome de Processo Amortecedor ou Formação de Defesas. Assim, entende defesas como técnicas amortecedoras do sofrimento de perda, e cita defesa esquizóide, defesas obsessivas, histéricas, fóbicas e paranóides.

É na abordagem da Análise Psicodramática, desenvolvida por Silva Dias, que encontro uma clara sistematização a respeito dos diversos sistemas de defesa. Em especial, um maior aprofundamento na compreensão psicodinâmica das psiconeuroses na linguagem psicanalítica e que o autor denomina Defesas Intrapsíquicas. Essa abordagem será o principal eixo teórico sobre o qual desenvolverei o tema específico deste estudo, que diz respeito aos critérios para o reconhecimento das defesas intrapsíquicas instaladas no *setting* terapêutico.

OS SISTEMAS DE DEFESA NA ANÁLISE PSICODRAMÁTICA

A Teoria da Análise Psicodramática reconhece três fases distintas do desenvolvimento psicológico e correlaciona quatro sistemas de defesa do psiquismo com funções psicológicas específicas para cada uma dessas fases.

A 1ª fase, chamada de *Fase do Desenvolvimento Cenesté-sico*, que abrange as vivências que vão desde o período intra-útero até mais ou menos os dois anos, é baseada nas sensações cenestésicas e configura a estrutura básica do psiquismo. A patologia dessa fase é compreendida com base no conceito de Climas Psicológicos Inibidores e é responsável pela formação da 1ª zona de exclusão do psiquismo.

O principal mecanismo de defesa é o *vínculo compensatório*, que tem como função básica tamponar e bloquear as vivências contidas nessa 1ª zona de exclusão.

Essa forma de defesa, chamada de Vínculo Compensatório, é compreendida pelo conceito de Função Delegada, que é uma função psicológica de cuidar, julgar ou orientar, cuja responsabilidade seria do próprio indivíduo em relação a si mesmo, mas que ele delega para outro, formando assim uma proposta de relação complementar interna patológica.

O paciente delega para o terapeuta a responsabilidade pela função psicológica que deveria ter tido nessa fase do desenvolvimento e, com isso, isenta-se da responsabilidade de se autocuidar, por exemplo.

Entendo que a base conceitual dessa forma de defesa apresenta certa correlação teórica com o conceito psicanalítico clássico de Transferência e Contratransferência.

A 2ª fase é denominada *Fase do Desenvolvimento Psicológico*, que abrange as vivências principalmente entre os dois anos até o final da adolescência e, em menor intensidade, persiste durante a vida toda.

Nessa fase a patologia é entendida como a exclusão de vivências psicológicas de pensamentos, sentimentos, percepções e intenções do indivíduo, e que se chocam de maneira incompatível com o seu Conceito de Identidade.

Esse material é excluído e vai formar a 2ª zona de exclusão do psiquismo.

O autor sistematiza duas formas de defesa que apresentam como função psicológica bloquear o material excluído dessa 2ª zona de exclusão para que ele não venha à tona ao nível do Eu consciente e, portanto, não questione o Conceito de Identidade (conjunto de crenças) desse indivíduo.

Os dois sistemas defensivos ligados a essa fase são:

Divisão interna externalizada – que apresenta correlação com o conceito de Projeção e Externalização. Parte da divisão interna composta pelo choque entre as Figuras de Mundo Interno (modelos e conceitos incorporados do mundo externo) e as Vivências do Verdadeiro Eu (em parte depositadas como material excluído na 2ª zona de exclusão) é projetada e externalizada na relação com o outro. Essa externalização faz que a angústia ligada à divisão interna diminua, pois parte dela é exteriorizada e fica com o outro.

Defesas intrapsíquicas – que apresentam como função psicológica principal barrar o contato entre o material excluído depositado na 2ª zona de exclusão e o Eu consciente do indivíduo.

E uma 3ª fase, que tem início na adolescência e persiste por toda a vida, que se chama Fase do Material Justificado, cuja característica é a tentativa de cristalização da patologia estruturada nas fases anteriores do desenvolvimento; são Contradições Justificadas conscientes.

As defesas do Ego funcionam como o principal mecanismo de defesa, e entre elas ressaltamos o mecanismo de racionalização e as justificativas. A função psicológica das defesas do Ego, nesse entendimento, é auxiliar o indivíduo a conviver com as contradições internas sem se autoquestionar e, portanto, sem mobilizar angústia patológica.

Entendo que as defesas do Ego funcionam como mecanismos auxiliares nas defesas intrapsíquicas e nas divisões internas externalizadas.

A Teoria da Análise Psicodramática, portanto, fundamenta e diferencia quatro sistemas de defesa, que apresentam funções psicológicas específicas e se correlacionam com as fases do desenvolvimento do psiquismo.

Resumo	
Fases do desenvolvimento	Sistemas de defesa
Fase do desenvolvimento cenestésico	Vínculo compensatório Relações complementares internas patológicas (transferência e contratransferência)
Fase do desenvolvimento psicológico	Defesas intrapsíquicas Divisão interna externalizada
Fase da adolescência em diante	Defesas egóicas Racionalizações e justificativas

O indivíduo adulto, objeto de nosso estudo, acionará seus sistemas de defesa de acordo com a natureza do material excluído que está sendo mobilizado pela terapia ou por situações de sua própria vida.

Neste texto serão abordadas apenas as defesas intrapsíquicas:

- Defesa fóbica e contrafóbica.
- Defesa conversiva histérica.
- Defesa de atuação psicopática e defesa de idéia depressiva.
- Defesa obsessiva compulsiva.

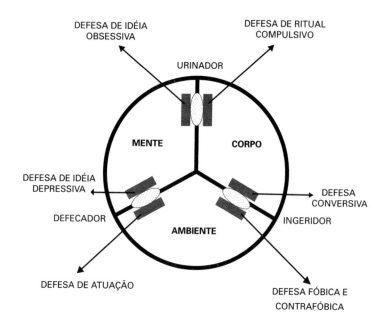

Correlações teóricas

Estabeleço algumas correlações entre as várias escolas citadas na fundamentação teórica com o objetivo de caracterizar melhor o conceito de defesa intrapsíquica.

1. As defesas psicológicas que o indivíduo utiliza para conviver com as contradições internas justificadas apresentam certa correlação com os mecanismos de defesa do Ego estudados por Freud.
2. A defesa denominada, na Análise Psicodramática, Divisão Interna Externalizada apresenta correlação com os mecanismos de identificação, projeção e externalização, estudados principalmente por Anna Freud e M. Klein.
3. A defesa chamada na Análise Psicodramática de Vínculo Compensatório, que se manifesta no campo relacional

na forma das Relações Complementares Internas Patológicas, apresenta correlação com o conceito clássico de Transferência e Contratransferência da psicanálise.

4. A defesa denominada, na Análise Psicodramática, Intrapsíquica apresenta correlação com o conceito das Psiconeuroses de Defesa desenvolvido por Freud e com o conceito de Couraça Caracterial criado por Reich e também desenvolvido por Lowen e Pierrakos na Bioenergética. Em relação ao psicodrama, o conceito de Defesa Intrapsíquica apresenta equivalência com o dos Mecanismos Reparatórios desenvolvidos por Rojas-Bermúdez, como também correlação com o conceito de Sistemas Amortecedores, assim denominado por Fonseca Filho.

5. Conceito de Resistência – definido por Freud como todos os fenômenos que dificultam o processo analítico, é compreendido nessa abordagem de forma específica. Entendemos como Resistência quando as defesas mobilizadas no intrapsíquico são externalizadas no campo relacional e instaladas no *setting* terapêutico. Apresenta certa correlação com o conceito de Couraça de Campo estudado por Reich como defesas energéticas, e também com o conceito de Defesas Energéticas desenvolvido por Bárbara Brennan. Na Análise Psicodramática entendemos que a externalização de qualquer sistema de defesa no campo terapêutico constitui uma forma de resistência que dificulta o aprofundamento da terapia. Observamos que o paciente com defesa mobilizada no nível interno tende gradualmente a exteriorizar essa defesa no campo relacional tanto na vida como na terapia

Em razão dessa diferenciação, estabeleci dois parâmetros básicos para o diagnóstico das defesas intrapsíquicas:

1. Leitura teórica da defesa centrada no paciente (sintomas, discurso, atitudes e clima emocional da sessão).
2. Leitura das possíveis reações e respostas emocionais do terapeuta diante da defesa exteriorizada no campo relacional terapêutico.

As defesas intrapsíquicas funcionam como resistência e constituem entrave para o aprofundamento da terapia somente quando se estruturam no *setting* terapêutico. Nesse caso, entendemos, como Anna Freud, que a análise das defesas não difere da análise das resistências no contexto terapêutico.

DEFESA FÓBICA

Defesa fóbica é uma defesa intrapsíquica da área ambiente, ligada ao campo das Percepções.

A defesa fóbica é acionada sempre que ocorre uma mobilização de material excluído da 2ª zona de exclusão e ligado ao Modelo do Ingeridor.

A função específica da defesa fóbica é evitar que esse material excluído se torne consciente na medida em que é um material que se choca frontalmente com o conceito de identidade vigente. Ao evitar que esse material se torne consciente, a defesa evita uma confusão entre os sentimentos, a percepção e a autopercepção do indivíduo. Em outras palavras, ela evita a confusão entre a área corpo (sentir) e a área ambiente (perceber). Assim, a pessoa que apresenta confusão entre o sentir e o perceber tende a projetar nas outras (ambiente externo) suas emoções e, dessa forma, já não sabe mais diferenciar o que sente e o que percebe. Por exemplo: o indivíduo projeta sua raiva no outro e tem uma percepção da sua raiva "no outro". Para evitar a confusão entre essas áreas, mobiliza a defesa fóbica e como conseqüência foge ou evita o contato com essa pessoa. Ele acredita que está fugindo da raiva do outro quando, na realidade, está fugindo e evitando o contato com sua própria raiva projetada no outro.

O mesmo acontece com a paciente que projeta seus impulsos eróticos nos homens; ela lê essa erotização neles e, para evitar a confusão entre o sentir e o perceber, mobiliza defesa fóbica e começa a fugir deles. Desenvolve uma série de justificativas na tentativa de explicar para si mesma seu comportamento evitativo. Por exemplo: "Todos os homens são tarados", "Os homens só querem sexo" etc. Na verdade, ela está evitando entrar em contato com seus impulsos eróticos projetados nos homens.

Como conseqüência da confusão entre as áreas corpo e ambiente, a pessoa tende a ver e perceber nos outros suas próprias emoções projetadas e, graças à defesa fóbica, evita o contato com essas emoções ao fugir ou evitar a relação com essas pessoas. Na verdade, está fugindo de suas próprias emoções, que se acham projetadas nelas.

Assim, podemos dizer que, por meio da ação da defesa fóbica, a pessoa acaba por se tornar uma fugitiva de si mesma e, ao fugir, evita o contato com suas emoções contidas no material excluído.

A defesa fóbica manifesta-se na forma de um distanciamento físico ou emocional, de um desligamento, uma evitação ou um amortecimento de seus próprios conteúdos internos, sejam eles pensamentos, emoções ou percepções.

Pode ser definida como uma defesa de evitação emocional do ambiente interno ameaçador que se encontra projetado no ambiente externo, que assim se transforma em ameaçador.

A evitação física (fuga) do ambiente externo produz uma evitação de mobilizar e conscientizar os conteúdos internos ameaçadores. A angústia, ligada a esses conteúdos excluídos, acaba sendo acoplada ao sintoma fóbico e jogada no mundo externo.

A frieza emocional (ausência de emoções), característica da defesa fóbica, é um indício de superaquecimento, isto é, sinal de que existem muitas emoções excluídas e amortecidas, e não de uma ausência de emoções, como se tende a pensar inicialmente.

O sentimento de medo, por exemplo, pode ser tão intenso que a pessoa nem consegue senti-lo e muito menos identificá-lo. Ao não sentir, bloqueia a área corpo e, ao não identificá-lo, ela bloqueia a percepção, que é a área ambiente. Dessa forma, tende a procurar algum tipo de explicação, racionalização ou justificativa e assim acaba por sobrecarregar a área mente.

A defesa fóbica apresenta graus variáveis de intensidade e também formas de manifestação, mas todas elas com uma característica central de evitar o contato consciente com o material excluído, da 2ª zona de exclusão, seja ele composto de emoções, pensamentos, percepções ou intenções.

Identificamos três formas específicas de evitação:

1. *Evitação física/fuga*: nestes casos, o paciente começa a evitar e fugir sistematicamente de uma série de ambientes no seu dia-a-dia. Esse afastamento pode culminar com uma impossibilidade de sair de casa, a não ser acompanhado (acompanhante fóbico).

Quando a defesa fóbica está instalada no *setting* terapêutico, o paciente começa a faltar às sessões de psicoterapia e evita entrar em contato com seus conteúdos internos projetados no terapeuta ou no próprio *setting*. O paciente não tem consciência do verdadeiro motivo da falta e passa a desenvolver uma série de racionalizações, explicações e justificativas que ele mesmo tende a acreditar que são os seus reais motivos. Não se apercebe de que a sensação de ameaça e medo são as verdadeiras motivações inconscientes de evitação presentes na falta. Essa forma de resistência fóbica instalada no *setting* terapêutico desencadeia outras atitudes, como falta de vontade de ir à sessão psicoterápica, muitas vezes justificada por não ter assunto, ou o argumento de que não tem nada importante para tratar na terapia naquele dia. Muitas vezes, esquece o dia ou a hora de sessão. Atrasa-se com freqüência, solicita mudanças de horário da sessão etc. Ao agir dessa maneira, o paciente com a defesa fóbica mobilizada acaba paralisando o processo psicoterápico e, muitas vezes, a própria ação do terapeuta.

2. *Evitação emocional/evitar sentir*: o indivíduo consegue até evitar fisicamente os ambientes identificados como amea-

çadores, mas apresenta um distanciamento emocional em relação às pessoas e ao próprio ambiente. Está presente, mas não está sentindo. Os sentimentos ficam amortecidos.

Quando isso acontece em relação à psicoterapia, o paciente comparece às sessões, mas apresenta um distanciamento emocional. É como se estivesse ausente de si mesmo e essa ausência se manifesta no campo relacional com o terapeuta. Dizemos que ele está na sessão de corpo físico presente, mas de corpo emocional ausente.

Essa evitação emocional pode ser identificada pela expressão do rosto e pelo tom de voz, desprovidos de emoções e desconectados do conteúdo do discurso e das atitudes corporais.

Seu discurso é um relato desprovido de emoções, fala sobre si mesmo relatando acontecimentos vazios de emoções e de conteúdo do mundo interno. Essa conversa vem acompanhada de um clima hipnótico, que acaba desviando (fuga) o foco da atenção e o próprio terapeuta para longe de si mesmo. Quanto mais o paciente fala com seu discurso hipnótico, mais distante e ausente ele se torna, e o conteúdo emocional se dilui, se esvai.

Por meio desse discurso vazio de emoção, o paciente consegue até falar sobre seus conteúdos, embora evite senti-los. Assim, ele se afasta de si mesmo e impede uma ação efetiva por parte do terapeuta. Podemos dizer que, com a defesa fóbica instalada no *setting* terapêutico, o paciente paralisa a ação do terapeuta e o próprio processo de psicoterapia.

Como vimos, a grande ameaça que o paciente sente é de, ao se conectar aos seus sentimentos e a si mesmo, identificar seus próprios conteúdos que se acham mobilizados ou projetados no terapeuta, ou mesmo no próprio *setting*.

Com esse discurso hipnótico, o paciente mantém seu comportamento fóbico evitativo, tanto na vida como na psicoterapia, imobilizando a si mesmo, o ambiente externo e o terapeuta.

3. *Discurso centrado no outro/no ele*: o indivíduo nunca fala ou emite uma opinião ou uma posição de si mesmo, mas sim as opiniões e posições dos outros. Ele não define suas próprias opiniões ou posições e não se compromete com sua fala, nem mesmo com seus comentários. É também um modo de fugir de si mesmo e de não entrar em contato com seus conteúdos, pois estes estão projetados e são comentados como sendo de outro. Ele se esconde atrás do relato e da descrição da fala, das atitudes e das opiniões do outro.

Quando isso acontece no *setting* terapêutico, é como se o paciente montasse uma barreira virtual de pessoas entre ele e o terapeuta e ficasse escondido atrás dessa barreira. Assim, o terapeuta "veria" os outros, mas não "veria" o seu próprio paciente.

Esses *eles* que o paciente traz, pela descrição das falas e das opiniões, funcionam como uma barreira de proteção na medida em que permitem que o paciente se omita de suas posições e opiniões e possa continuar a fugir de si mesmo.

Quero acrescentar, ainda, que embora a defesa fóbica possa estar mobilizada dessas três formas, é interessante notar que ela pode estar ativa somente ao nível do intrapsíquico ou então atuada no ambiente externo.

4. *Defesa fóbica mobilizada no intrapsíquico*: acontece quando o paciente amortece seus sentimentos. Ele foge de si mesmo, dentro de si mesmo. Ele pode perceber, pensar ou falar dos temas excluídos sem entrar em contato com seus sentimentos. Nesses casos, não chega a projetar no outro seus conteúdos e a fugir deles.

5. *Defesa fóbica atuada no ambiente externo*: acontece quando o paciente projeta seus conteúdos nos outros e no ambiente externo e passa a fugir e a evitar sistematicamente o ambiente ou as pessoas. Temos, então, uma série de atitudes manifestas do paciente em relação ao ambiente externo. Essa forma de ação da defesa fóbica é comparada ao conceito de Resistência proposto por Freud.

O terapeuta diante da defesa fóbica

A sensação do terapeuta é um dos melhores indicativos da defesa fóbica tanto mobilizada na esfera do intrapsíquico como instalada e atuada no *setting* terapêutico.

A presença da defesa fóbica provoca no terapeuta o sono e a sensação de estar sendo hipnotizado. É um estado de sonolência que surge abruptamente durante a sessão desse paciente. O terapeuta avalia que não estava com sono na sessão anterior, como também percebe que esse sono passa tão logo termine de atender essa pessoa.

A defesa fóbica, quando atua no campo relacional, provoca também no terapeuta uma sensação de desligamento emocional e mental, o que acaba causando uma dificuldade de concentração no tema (desatenção) e desencadeando uma série de pensamentos dispersos. Como conseqüência, o terapeuta acaba por perder a seqüência lógica do raciocínio, começa a se instalar um "branco" em sua cabeça em relação à dinâmica do paciente e a capacidade de percepção tende a diminuir. O terapeuta sente-se perdido e muitas vezes busca ancorar-se na técnica e na teoria para não se perder totalmente.

Como em toda defesa, observa que existe angústia presente e material para ser trabalhado, mas não consegue identificar por onde começar ou o que propor na sessão.

Muitas vezes o terapeuta pensa que é uma dificuldade sua em compreender e em se conectar com esse determinado paciente, ou então que, por alguma razão, está desinteressado desse caso, sem se dar conta de que está sob influência da defesa fóbica.

Observamos claramente duas formas de reação psicológica do terapeuta em conseqüência da defesa fóbica mobilizada.

Uma delas, é que ele começa a se sentir paralisado ou imobilizado, o sono hipnótico vai tomando conta do terapeuta, o tempo da sessão transcorre como que em câmara lenta e um clima parado se instala na sessão.

Nas situações de supervisão de grupo, esse fenômeno (defesa fóbica) é reproduzido artificialmente pela técnica de entrevistar o paciente internalizado. Com freqüência, os demais supervisionandos do grupo costumam relatar que sentiram sono ou que não conseguiram se ligar no caso. Entendemos teoricamente que esse fenômeno das reações defensivas do terapeuta (contradefesa) é de natureza diferente do da contratransferência, e também do da defesa intrapsíquica do terapeuta em função da mobilização na sessão de seus próprios conteúdos internos excluídos. Esse tema será abordado mais profundamente no capítulo final.

A outra, é que o terapeuta começa a lutar contra esse sono hipnótico e então tende a sobreatuar na sessão. Tem a tendência de promover inúmeros questionamentos na tentativa de encontrar o tema vinculado com a angústia ou então propõe, ancorado na técnica, dramatizações de qualquer tema que tenha aparecido no discurso do paciente.

A sensação do terapeuta e do paciente no decorrer da sessão verbal – e mesmo da dramatização – é de esvaziamento e diluição do clima emocional da sessão.

O terapeuta trabalha no vazio ou com sentimentos reativos ao não perceber que a função da defesa fóbica é exatamente desviar o foco do paciente e assim evitar a mobilização dos conteúdos emocionais excluídos. Ele se desgasta emocionalmente ao estabelecer uma luta consigo mesmo para controlar o sono e se manter ligado aos temas da sessão ou, quando ancorado somente na teoria e na técnica, e não na dinâmica, tenta propostas de ação para mobilizar a emoção evitada pelo paciente.

Ao funcionar dessa forma, o terapeuta estabelece uma luta contra a defesa fóbica de evitação instalada no *setting* terapêutico e desencadeia uma reação patológica indireta ao atuar uma contradefesa.

Devemos ter claro que só é possível um trabalho produtivo após o reconhecimento e a desmobilização da defesa.

Não podemos nos esquecer de que o reconhecimento psicológico da defesa é realizado pela observação do conteúdo manifesto do paciente, isto é, o comportamento, a postura e a forma do discurso do paciente associados às reações do terapeuta.

Defesa contrafóbica

Esta é uma variante equivalente à defesa fóbica, a fim de bloquear a percepção e a autopercepção (área ambiente) e de evitar sentir (área corpo) uma série de conteúdos que estão depositados na 2ª zona de exclusão.

A defesa contrafóbica é caracterizada por uma atitude em que a pessoa, em vez de apresentar um comportamento de fuga, passa a questionar, invadir, agredir, acuar e até mesmo destruir o outro ou o ambiente externo.

Dessa forma, o indivíduo com uma defesa contrafóbica toma uma atitude de acuar o outro na esperança de evitar ser questionado ou abordado por ele em assuntos ou situações que façam que entre em contato com o material excluído, seja ele composto de sentimentos, pensamentos, percepções ou intenções.

Uma pessoa com a defesa contrafóbica mobilizada funciona na vida sem avaliar corretamente o grau de perigo que a cerca e chega a se lançar cegamente em situações de inadequação ou mesmo de perigo real. Não entra em contato com a sensação de medo e assume uma postura agressiva e hostil na tentativa de intimidar o outro para driblar o próprio medo.

A defesa contrafóbica é caracterizada por uma atitude de agredir preventivamente para acuar, questionar, intimidar e imobilizar o possível agressor e, assim, ganhar espaço para se manifestar na relação sem o perigo de ser questionado em temas que mobilizem seus conteúdos ligados ao material excluído.

Embora essa agressividade possa ser confundida com raiva, ela é, na verdade, uma agressão preventiva a uma possível abordagem da outra pessoa – ou mesmo do ambiente externo – que faça que ela entre em contato com o material excluído. Na verdade, o sentimento real é de medo.

A defesa contrafóbica funciona, também, como um mecanismo de evitação emocional das sensações e emoções excluídas e que se acham projetadas no ambiente externo.

Quando mobilizada, pode se manifestar no comportamento, nas atitudes ou no discurso, tanto de modo brando quanto intenso. Como toda defesa intrapsíquica, quando mobilizada internamente, instalada e atuada no *setting* terapêutico, configura uma situação de resistência.

Podemos observar a presença da defesa contrafóbica instalada no *setting* terapêutico pelo clima tenso, pesado e opressivo, e pelas atitudes de agressão, questionamento e de intimidação em relação ao terapeuta, como também pela decodificação do conteúdo do discurso, por exemplo, pede exigindo, cobra acusando, valoriza ameaçando etc.

Esse paciente apresenta um discurso carregado de raiva, ironia, cobrança, cinismo, arrogância, ameaça etc. Sua fala machuca e agride. É crítico, despreza, desvaloriza e encurrala o terapeuta. Com essas atitudes, ele tenta evitar qualquer tipo de ação do terapeuta que possa se aproximar ou abordar seus temas proibidos, fontes de angústia. Escondida atrás desse discurso agressivo, vamos sempre encontrar uma pessoa que, na verdade, se sente ameaçada, amedrontada e desprotegida.

O paciente com a defesa contrafóbica instalada, tanto na vida como no *setting* terapêutico, tende a entrar nas relações de forma arrogante e agressiva, tentando demonstrar uma força que pensa ter, mas que, na realidade, não tem. Ele não tem consciência clara de que sua agressividade é, na verdade, para se proteger.

No *setting* terapêutico, a intenção é encurralar e intimidar o terapeuta para não ser questionado por ele.

O terapeuta diante da defesa contrafóbica

Um dos indicadores da defesa contrafóbica instalada no *setting* terapêutico consiste na avaliação das reações do terapeuta. Essa defesa vai provocar dois tipos de sentimento no terapeuta: *medo* e *raiva*.

Quando o terapeuta não se dá conta de que o clima tenso, opressivo e, às vezes, agressivo da sessão é decorrente da manifestação da defesa contrafóbica, tende a ficar imobilizado pelo medo ou então estabelece uma situação de confronto ou "bate-boca" com o paciente. Ao se sentir cobrado, questionado, acuado e intimidado, acaba por ficar paralisado em suas ações e procedimentos, ou então tenta invadir ou forçar o paciente a aceitar sua autoridade entrando em confronto com ele.

A defesa contrafóbica só começa a ser desmobilizada na medida em que o paciente consegue se sentir aceito e acolhido pelo terapeuta, para então poder lidar com seus temores e sua fragilidade dentro do *setting*. Um terapeuta acuado ou agressivo só contribui para estruturar ainda mais a defesa contrafóbica.

Observamos também que, nos grupos de supervisão, com a técnica do paciente internalizado, quando se reproduz a defesa contrafóbica, ocorrem reações de medo e raiva nos participantes.

DEFESA CONVERSIVA E HISTÉRICA

É uma defesa intrapsíquica da área corpo (emoções e sentimentos) e relativa ao Modelo de Ingeridor, assim como a defesa fóbica.

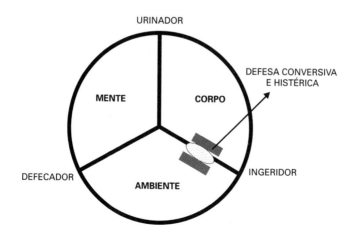

Os pacientes que apresentam uma má-estruturação do Modelo do Ingeridor, em determinada fase da vida ou da terapia, tendem a apresentar tanto a defesa fóbica, quando se mobiliza a área ambiente, como a defesa conversiva, quando se mobiliza mais a área corpo. São denominadas, na psicopatologia psicanalítica, defesas histerofóbicas.

Freud utilizou o termo Histeria de Conversão para designar uma forma de neurose que se caracterizava pela predominância dos sintomas conversivos, e de Histeria de Angústia para designar uma forma de neurose que se caracterizava pela predominância dos sintomas fóbicos.

A abordagem psicanalítica define a Conversão como um mecanismo de formação de sintomas que opera na Histeria de Conversão. Consiste na transposição de um conflito psíquico em sintomas somáticos, motores ou sensitivos. O que especifica os sintomas de conversão é a sua significação simbólica, pois representam pelo corpo as representações recalcadas do psíquico.

Essa definição teórica da Conversão como mecanismo de formação de sintomas é aceita de forma consensual pelas várias escolas que tratam da psicopatologia.

A Análise Psicodramática apresenta uma compreensão teórica equivalente ao definir a defesa conversiva como a "transformação dos conteúdos emocionais excluídos em manifestações físicas sob a forma de sintomas corporais".

Como conseqüência da conversão, a pessoa passa a ter o sintoma físico em vez do conteúdo emocional excluído. Assim, a verdadeira emoção mobilizada não chega no nível da consciência. O que a autopercepção reconhece é apenas o sintoma corporal. Dessa forma, a angústia fica associada ao sintoma corporal e desconectada do conteúdo emocional que foi convertido. Apresenta uma leitura própria e específica ao definir que a função psicológica básica da defesa conversiva é manter o material excluído circunscrito dentro da zona de exclusão, impedindo que esse material entre em contato com o Eu consciente e evitando a confusão entre o sentir (área corpo) e o perceber (área ambiente).

Quando ocorre confusão entre as áreas corpo e ambiente, a pessoa tende a sentir a emoção do outro como se fosse a sua própria. Por exemplo, a paciente confunde a tristeza da sua amiga como se fosse uma emoção dela, e não da amiga, e passa a se comportar como se realmente estivesse triste. Como vimos, uma das funções da defesa conversiva é exatamente evitar essa confusão entre o sentir e o perceber.

Os sintomas conversivos se manifestam no corpo muscular e nos órgãos dos sentidos de diversas formas. A intensidade dos sintomas depende de muitas variáveis e pode se manifestar de forma súbita e fugaz, intermitente ou crônica. Por exemplo: rigidez corporal total (conversão histérica clássica); contrações específicas de partes do corpo; sensação de "bola" faríngea; paralisias histéricas parciais de face, membros etc.; paresias/anestesias/sensações de ausência corporal; dores localizadas crônicas ou intermitentes; formigamentos, tremores, dispnéias, náuseas, tosse, soluço, fraqueza corporal etc. Ou, ainda, podem se manifestar nos órgãos dos sentidos na forma de sintomas visuais: "cegueira", visão dupla, visão parcial, surdez etc., ou de sentimentos auditivos, como surdez, "zumbido" no ouvido etc.

A Angústia Patológica está diretamente associada aos sintomas e o paciente tende a correlacionar o sintoma como causa da angústia e não como conseqüência.

A intensidade dos sintomas pode variar, desde uma simples sensação de formigamento até a paralisia de um membro.

Tudo depende do grau de autocontinência do indivíduo, da gravidade do material convertido e da situação do ambiente externo em que ocorrer.

É importante salientar que a defesa conversiva pode estar solidamente estruturada tanto na vida como no *setting* terapêutico.

No *setting* pode aparecer de forma constante como uma paralisia facial ou uma sensação de falta de ar e opressão no peito no início da sessão, ou de forma súbita e momentânea durante a sessão, como uma sensação de amortecimento da perna, uma crise de tosse, uma dor de cabeça etc.

Ressalto a importância de o diagnóstico psicológico ser, algumas vezes, confrontado com um diagnóstico clínico, para diferenciar os sintomas de base orgânica (doença) dos de base emocional (conversivos). Devemos estar sempre atentos para afastar as hipóteses clínicas antes de diagnosticar e tratar os sintomas como eminentemente conversivos, sobretudo nos casos em que ocorre a manifestação da defesa conversiva cronicamente estruturada. Em alguns casos, é necessário tratamento clínico concomitante com a terapia.

Devemos também diferenciar os sintomas da defesa conversiva das Somatizações. Nas somatizações o indivíduo passa a descarregar suas angústias e conflitos em determinado órgão, principalmente em órgãos internos, e, com o tempo, estes tendem a adoecer. São exemplos disso as úlceras gástricas, as retrocolites ulcerativas, as psoríases etc.

Uma das características das somatizações é que o paciente não sente angústia patológica, pois ela é descarregada no órgão. Muitas vezes ele sente dor ou incômodo, mas não angústia. As somatizações não são encaradas como defesas intrapsíquicas, embora façam parte do sistema defensivo do psiquismo e também impeçam o material excluído de se tornar consciente. Elas são trabalhadas como distúrbios psicossomáticos.

O surgimento súbito de um sintoma conversivo, durante uma sessão de terapia, significa que o material psíquico abordado é de zona de exclusão e que, portanto, não pode vir à tona dentro do Conceito de Identidade vigente desse indivíduo. Em vez de sentir as emoções e de tomar consciência desse material emocional excluído, o paciente entra em contato com o sintoma conversivo. Assim, apresenta o sintoma físico para não sentir a verdadeira emoção que está sendo mobilizada na sessão.

O sintoma conversivo tem como característica não lesar o órgão ou a parte do corpo em que se instala, pois ele não descarrega a angústia no órgão, como nas somatizações. Ao contrário, o paciente relata o sintoma e sente a angústia ligada ao material que foi convertido.

A defesa conversiva e histérica no setting terapêutico

Evitamos usar o termo Histeria em virtude de seus muitos e variados significados, e reservamos Defesa Histérica para designar a situação em que a defesa conversiva mobilizada no intrapsíquico atua no ambiente externo.

Dessa forma, podemos entender que a defesa conversiva pode estar mobilizada somente no intrapsíquico e também atua no ambiente externo.

No primeiro caso, o paciente converte o material excluído e mobilizado no *setting* terapêutico em um sintoma físico do tipo conversivo. Normalmente, quando isso ocorre, o indivíduo conta para o terapeuta o que está acontecendo no seu corpo.

Nesse caso, entendemos que o sintoma conversivo surgiu e impediu o paciente de sentir a verdadeira emoção que estava sendo mobilizada. É um acontecimento entre o paciente e seu mundo interno e independe de o terapeuta ficar sabendo ou não.

Também pode ocorrer que o paciente mobilize a defesa conversiva, perceba a instalação do sintoma e simplesmente o registre como uma sensação corporal. Nessas situações, o paciente não dá a devida importância ao sintoma, não se dá conta de sua repetição nas sessões ou então fica lutando contra ele, não evidenciando isso em sua fala e nem mesmo informando ao terapeuta o que está acontecendo no seu corpo.

No segundo caso, a defesa conversiva está mobilizada e atua no ambiente externo, e, então, utilizamos a terminologia defesa histérica.

Assim, entendemos que a defesa histérica é a forma atuada da defesa conversiva. Sua principal característica é que o paciente, inconscientemente, mobiliza toda a atenção das pessoas e do próprio terapeuta para si mesmo, para sua história e, muitas vezes, para seus próprios sintomas. É um discurso dramático, histriônico e exagerado. O indivíduo fala sobre seus sentimentos, mas não os sente.

A intensa expressão emocional é, na verdade, apenas uma representação de si mesmo, uma fala sobre as emoções, e não o sentimento em si. O paciente, com a defesa histérica atuando no campo relacional, tende a puxar toda a atenção do outro e do terapeuta para seu corpo, seu sintoma e seu relato.

Em vez de fugir do ambiente externo, como o paciente com defesa fóbica mobilizada e atuada, o paciente com defesa histérica tende a se tornar o centro das atenções, com relatos dramáticos e aparentemente muito emotivos, quando, na verdade, não está sentindo essas emoções, mas sim escondendo suas verdadeiras emoções de si mesmo e do outro. Podemos dizer que o paciente com defesa histérica atuada representa, de forma dramática, a si mesmo ou a seus sintomas físicos.

No *setting* terapêutico é comum o paciente fazer algum tipo de relato dramático e apaixonado de defesa histérica e quando o terapeuta solicita que ele entre em contato com seu corpo e principalmente com seus sentimentos, ele imediatamente mobiliza uma defesa conversiva.

Em resumo, temos:

Defesa conversiva mobilizada no intrapsíquico – Ocorre quando o paciente foge de suas emoções dentro de si mesmo ao convertê-las em sintomas corporais.

Defesa histérica atuada no ambiente externo – Acontece quando o paciente assume o centro das atenções do ambiente e atrai toda a atenção sobre si mesmo, de forma dramática, histriônica ou exagerada. Assim, ele consegue fugir dos próprios sentimentos na medida em que está, na verdade, representando e falando sobre eles, mas não os sentindo. Sempre que, nessas situações, ele se volta para dentro de si e entra em contato com seus reais sentimentos, tende a mobilizar a defesa conversiva.

Reações do terapeuta diante da defesa conversiva e histérica

A princípio parece muito simples reconhecer uma defesa da área corpo como uma defesa conversiva.

Quando a defesa conversiva está mobilizada no intrapsíquico é simples, pois o paciente nos relata seus sintomas corporais. Nesses casos, a leitura teórica da defesa no paciente será suficiente para esse reconhecimento.

Torna-se um pouco mais difícil quando a defesa conversiva começa a se instalar no *setting* terapêutico.

Em geral, observamos que o paciente tende a não valorizar como algo significativo o surgimento súbito da defesa conversiva durante a sessão. Tem uma tendência de falar sobre o sintoma de forma superficial e passageira, e a racionalizar o seu aparecimento.

O paciente não faz nenhuma conexão entre o surgimento do sintoma e o conteúdo emocional abordado na sessão. Nessas situações, cabe ao terapeuta valorizar ou não esse sintoma com base em sua fundamentação teórica e no conhecimento da dinâmica do paciente.

Esses são sinais evidentes de que está sendo mobilizada defesa conversiva no *setting* terapêutico.

O reconhecimento da defesa conversiva começa a se tornar mais difícil quando o paciente não relata o sintoma ao terapeuta. Às vezes isso acontece porque o paciente não se apercebe da importância do sintoma, ou porque está lutando contra ele, ou porque ele é entendido apenas como uma sensação corporal qualquer.

Nesses casos, o único indicador da presença da defesa conversiva instalada no *setting* será a sensação corporal do terapeuta. Ele tende a captar a defesa conversiva mobilizada e não-manifesta do paciente, e a sentir uma reação sintomática em seu próprio corpo. Por exemplo: o terapeuta começa a ter uma sensação de desaparecimento do seu corpo, de ausência corporal, de formigamento, amortecimento, de alteração visual etc. Ele sente necessidade de tocar seu próprio corpo, de se movimentar, ou então de fazer alguma intervenção como forma de restabelecer seu próprio controle. Está intuitivamente lidando com a defesa conversiva captada do paciente e mobilizada como sintoma em seu próprio corpo.

Nesse contexto, se o paciente não relata o que está acontecendo em seu corpo, a sensação corporal do terapeuta passa a ser o indicador mais preciso para o reconhecimento precoce da defesa conversiva no *setting* terapêutico.

Entendemos que nessa situação o terapeuta mobiliza uma reação patológica indireta, percebe os sintomas no seu próprio corpo de forma abrupta, e eles tendem a se repetir nas sessões desse mesmo paciente e a desaparecer após o término da sessão.

Outro aspecto a ser observado é quando, diante do manejo terapêutico adequado, ocorre a tendência de desaparecer o sintoma no corpo do terapeuta e a surgir, de forma manifesta, no corpo do paciente, a mesma reação que o terapeuta estava sentindo.

Em todas as situações de defesa intrapsíquica atuada no *setting* terapêutico, temos de estabelecer um diagnóstico diferencial entre a mobilização das defesas intrapsíquicas do terapeuta, das reações patológicas indiretas que o terapeuta apresenta diante da defesa daquele paciente, especialmente no caso das defesas de área corpo.

Os critérios são bastante claros: as reações do terapeuta surgem somente durante a sessão daquele paciente, com a defesa mobilizada, e tendem a desaparecer ao término da sessão e a se repetir nas próximas sessões, enquanto não forem trabalhadas.

A defesa histérica atuada no *setting* provoca no terapeuta uma sensação de artificialismo e não mobiliza suas emoções.

Nesses casos, o paciente tende a ter um discurso inflamado e dramático de seus sintomas ou de sua história. A tendência é focar e prender a atenção do terapeuta em seu relato. Embora esteja atento, o terapeuta tem uma sensação de artificialismo nesse discurso e também não consegue se comover com o drama relatado pelo paciente. A sensação do terapeuta é de estar assistindo a algo, mas sem participar.

O relato da defesa histérica compromete e envolve a atenção do terapeuta, mas não compromete nem envolve a sua emoção.

Essa é a forma mais eficiente de o terapeuta perceber que está diante da defesa histérica atuada no *setting*. Para comprovar isso, o terapeuta deve tentar fazer que o paciente desfoque sua atenção do relato dramático e se volte para seu corpo e para seus sentimentos. Imediatamente, a defesa conversiva é mobilizada.

Defesa de atuação psicopática

Dada a enorme confusão terminológica, teórica e conceitual em relação aos critérios para diagnóstico que as várias escolas de psicopatologia estabelecem para descrever a Psicopatia, considero pertinentes algumas considerações teóricas antes de descrever a defesa de atuação psicopática na concepção da teoria da Análise Psicodramática.

No passado, o termo Psicopatia era usado para designar todos os distúrbios psicológicos descritos na psicopatologia clínica.

Freud, ao desenvolver a psicopatologia psicanalítica, definiu como psicopata um tipo específico de personalidade caracterizada por um superego deficiente, uma personalidade com deficiência na internalização das leis, normas, costumes e figuras de autoridade. A psicanálise freudiana abarca, no quadro das psiconeuroses, as defesas conversivas, histéricas, fóbicas e as obsessivas compulsivas.

A psicopatia é descrita no tópico das Perversões de Caráter, não sendo, portanto, considerada uma patologia do campo das neuroses.

A psicopatologia psicanalítica atual traz duas formas de compreender a personalidade psicopática:

- corresponde a uma organização perversa estrutural do caráter; e
- uma patologia do narcisismo, um distúrbio narcísico caracterial da personalidade.

Reich, ao estudar as defesas caracteriais (couraças caracteriais), também não inclui a psicopatia no quadro das defesas neuróticas.

Como vimos na fundamentação teórica, alguns terapeutas de Abordagem Corporal pós-reichianos é que incluíram a psicopatia na categoria das neuroses e cunharam o termo caráter psicopático para descrever uma forma específica de couraça caracterial.

O grande problema teórico é a não-diferenciação conceitual entre estrutura psicopática ou transtorno da personalidade psicopática e a defesa ou caráter psicopático.

A psicopatologia psiquiátrica é bastante clara ao estabelecer seus critérios diagnósticos. Coloca tanto o psicopata como o sociopata na categoria dos transtornos da personalidade anti-social e localiza essa patologia num território entre a neurose e a psicose. Define como um transtorno de personalidade que usualmente apresenta uma disparidade flagrante entre o comportamento e as normas sociais predominantes e caracteriza-se por um padrão invasivo de desrespeito e violação do direito dos outros; propensão a enganar indicada por mentir repetidamente, ludibriar os outros para obter vantagens pessoais ou prazer; indiferença pelos sentimentos alheios; atitudes de irresponsabilidade e desrespeito por normas, regras e obrigações sociais; incapacidade de experimentar culpa e aprender com a experiência, particularmente com a punição, e propensão marcante para culpar os outros e oferecer racionalizações plausíveis para o seu comportamento. (CID-10, 1992, p. 199-200)

A psicopatologia da Análise Psicodramática estabelece diagnóstico diferencial entre Estrutura ou Personalidade Psicopática e Defesa de Atuação Psicopática. Bermúdez, ao criar a Psicopatologia do Núcleo do Eu, denominou a defesa ligada à área ambiente relativa ao Modelo de Defecador de defesa psicopática. Como vimos, outras abordagens psicoterápicas também se utilizam dessa terminologia para indicar uma forma de defesa que se manifesta na estrutura neurótica.

Para evitar essa confusão terminológica, nós, da Análise Psicodramática, em vez de defesa psicopática, usamos defesa de atuação psicopática.

A defesa de atuação é intrapsíquica, de área ambiente, e tem como função básica impedir a confusão entre os processos do perceber (área ambiente) e do pensar (área mente), bloqueando, dessa forma, a entrada do respectivo material excluído na esfera do Eu consciente.

O indivíduo, por intermédio de atitudes, procedimentos, expressões ou falas, provoca, no ambiente externo (no outro), algum tipo de comportamento que ele possa interpretar como resposta aparentemente esclarecedora para a sua própria confusão interna.

É uma provocação em que o indivíduo não tem a menor idéia e nem mesmo consciência de suas intenções. E, muitas vezes, se surpreende quando isso lhe é apontado ou quando acontece uma reação negativa do outro em relação a ele. Por exemplo: um indivíduo vai a uma festa e, no caminho, começa a pensar na possibilidade de não ser bem-vindo ou aceito na festa. A partir de um determinado momento, seu pensamento começa a se misturar com a sua percepção e ele já não sabe mais se pensou ou se percebeu algo diferente na conduta de sua anfitriã. Começa a sentir um impulso que não consegue explicar, e diz estar só de passagem porque tem outro compromisso agendado, provocando, assim, alguma reação na anfitriã. Caso ela insista para que ele fique e reforce fortemente o convite, ele consegue acreditar que realmente é aceito e então resolve ficar. Sai de sua confusão interna, esquecendo-se totalmente do argumento utilizado, pois a verdadeira intenção era sair da confusão, e não sair da festa. A anfitriã fica com uma sensação de que foi obrigada ou induzida a refazer o convite, como se ele tivesse "posto as palavras na sua boca". Pode acontecer, também, de a anfitriã, magoada com a atitude dele, não reafirmar o convite. Nesse caso, é possível que ele vá embora triste, mas com a certeza de que na verdade não era bem-vindo.

Tanto numa situação como na outra, ele consegue sair de sua confusão interna, embora possa ter causado um grande mal-entendido no ambiente externo.

Ao atuar, o indivíduo cria situações para resolver um impasse que está localizado no seu mundo interno, gerado pela mobilização de conteúdos internos, como pensamentos, percepções, intenções e sentimentos, que se chocam de maneira frontal com o seu Conceito de Identidade. A resposta do ambiente externo (do outro) muitas vezes resolve a sua contradição interna sem que ele precise conscientizá-la, ou, então, denuncia seus conteúdos internos, o que, na maioria das vezes, ele tende a não aceitar ou mesmo justificar.

De qualquer maneira, pela resolução sem conscientização ou pela não-aceitação da denúncia, ele acaba por não assumir de maneira consciente esses conteúdos atuados. Assim, a defesa de atuação possibilita que ele saia do impasse interno e descarregue sua tensão sem o risco de ter de conscientizar-se dos conteúdos mobilizados nessa situação.

Ao atuar a defesa psicopática, o indivíduo toma atitudes sem saber por que as tomou. Mesmo que essas atitudes (atuação) estejam claras para os outros, ele tem muita dificuldade de aceitar a versão do outro, pois, do seu ponto de vista, ele realmente acredita que suas motivações foram outras. Quando ocorre a resposta do ambiente externo, ele tende a se justificar, se opor à versão do outro, e a se sentir vítima, injustiçado.

Uma das conseqüências da defesa de atuação psicopática é a característica de provocar reações no outro, confusões e mal-entendidos nas relações. Acaba por jogar pessoas umas contra as outras e criar confusão no ambiente, mas sempre com a certeza de estar agindo de forma correta. Assim, em uma imagem figurada, podemos dizer que o indivíduo com a defesa de atuação psicopática mobilizada é aquele que, sem se dar conta, coloca fogo no circo e fica assistindo na posição de vítima ou de incompreendido. Muitas vezes, até se propõe a apagar o fogo, e, nesses casos, se acha o salvador da situação. Não se dá conta de que ele simplesmente apagou o fogo que ele próprio tinha ateado. Podemos comparar o atuador com o indivíduo que dá um tapa em alguém (agressor) e depois vem se queixando de que está com a mão doendo (vítima). Não tem consciência de que ele foi o agressor.

Muitas vezes chamamos a defesa de atuação de manejo psicopático, pois cria situações no ambiente em que o outro acaba exposto e tomando atitudes no lugar dele. Assim, por meio do manejo psicopático, sem se dar conta, induz o outro a fazer ou a falar o que ele gostaria. E, dessa forma, acaba não se posicionando nem se expondo diretamente nas relações. O outro, quando entra e responde ao manejo psicopático, muitas vezes compra uma briga que não é sua e se vê defendendo posições alheias.

Considero importante estabelecer um diagnóstico diferencial entre a atuação histérica e a defesa de atuação psicopática.

Tanto uma como a outra acaba fazendo um jogo de manipulação, indução e provocação nas relações com o outro e com o ambiente externo. A grande diferença está nas intenções. A intenção na atuação histérica é receber elogios, afetos, presença, reconhecimento, admiração etc. A principal característica presente na atuação histérica é que a emoção é jogada para o outro. Inocula as emoções que ele próprio está sentindo nos outros e estes passam a reagir segundo essa emoção que foi transferida. Dessa forma, o outro sente e age por ele.

A intenção na atuação psicopática é provocar para que aconteça o que ele deseja, sem se dar conta claramente desse desejo. Assim, atua para que o outro fique exposto e, ao mesmo tempo, para que passe a tomar atitudes no lugar dele (atuador). O atuador provoca (sem se dar conta), para que o outro faça o que ele gostaria de fazer, sem se comprometer nem se expor.

É importante também diferenciar o conceito de Atuação do de Manipulação: na atuação, o indivíduo age sem uma tomada de consciência dos motivos e intenções que determinam essa ação. Trata-se de uma ação impulsiva, sem planejamento, muitas vezes inconseqüente, e não-consciente, que acontece como resultado dos motivos e intenções. Estes não são revelados para o outro e também não estão claros para o próprio atuador.

Na manipulação, o indivíduo age com um planejamento consciente, baseado em suas motivações e intenções, embora estas não sejam reveladas ao outro. É uma ação conseqüente e deliberada, em que tanto as motivações como as intenções estão conscientizadas pelo indivíduo. Entendemos que a manipulação consciente é apenas uma estratégia e uma forma de ação, pois o indivíduo não quer que suas motivações e intenções sejam reveladas, mas deseja obter seu resultado.

Podemos muitas vezes dizer que a manipulação é uma estratégia de ação no ambiente externo, que pode ser até imoral, na medida em que está encoberta, mas é uma ação sadia. Já a atuação é uma estratégia de ação no ambiente externo, que é doente, na medida em que seu principal artífice não tem o conhecimento de suas próprias intenções.

O terapeuta diante da defesa de atuação psicopática

A defesa de atuação psicopática mobilizada no intrapsíquico pode ser observada no campo relacional terapêutico, principalmente pelo discurso permeado por atuações verbais que esse paciente apresenta.

Esse discurso de "sondagem" é caracterizado pela forma verbal indireta, sutil e cautelosa que o paciente tende a usar para investigar a opinião do terapeuta a respeito dos temas conflituosos, para depois tirar suas próprias conclusões.

A intenção, ao sondar o que o terapeuta pensa, é comparar a idéia deste com as suas, e, com isso, decidir se está certo ou errado, com o intuito de sair da confusão interna entre o que pensa e o que percebe.

Assim, tende a buscar referenciais e padrões de conduta no outro, evita procurar essas referências dentro de si mesmo e, na terapia, assume essa postura, mas não pergunta claramente para o terapeuta sua opinião.

Como conseqüência dessa atuação verbal, passa a interpretar fala ou atitudes casuais do terapeuta como respostas ou como confirmação de suas próprias dúvidas não-verbalizadas. Por exemplo: o paciente quer levar vantagem numa determinada situação, mas não entra em contato com sua intenção. Fica pesquisando e sondando de maneira sutil e encoberta a opinião dos outros e a do terapeuta sobre o tema "honestidade". Se nessa pesquisa indireta e camuflada chega à conclusão de que "todo mundo leva vantagem", tende a tomar isso como padrão de comportamento e a decidir que essa é uma conduta correta.

Nessa situação, o paciente não tem consciência de que era exatamente essa a sua intenção e acaba acreditando nas explicações que formula para si mesmo e para os outros para justificar suas condutas.

Observamos também, com freqüência, essa atuação verbal se manifestando como forma de pesquisar a vida pessoal do terapeuta – se é casado, onde mora, se tem filhos etc. Essa pesquisa – sondagem – é realizada de forma sutil, casual, aparentemente encoberta e sem demonstrar muito interesse.

Nesse caso, a intenção encoberta também não é se comparar ao estilo de vida do terapeuta ou imitá-lo. É simplesmente a busca de parâmetros externos para tentar descobrir se o seu estilo de vida é aceito ou não, e intensificar o poder de argumentação a seu favor.

No contexto terapêutico, a sensação do terapeuta diante do paciente com defesa de atuação psicopática mobilizada no intrapsíquico é de que está sendo constantemente sondado e inquirido de maneira sutil e cautelosa sobre vários temas.

Com esse discurso, o paciente vai instigando a fantasia do terapeuta a respeito de suas intenções, e vai induzindo-o a formular inúmeras hipóteses interpretativas. O terapeuta começa a ter a nítida sensação de que o paciente está, de alguma forma, induzindo seus pensamentos, seus sentimentos, e direcionando a sua percepção.

À medida que essa defesa vai sendo externalizada e se instala no *setting*, começa a ficar mais evidente a sua manifestação por atitudes de atuação. No decorrer das sessões desse paciente, o terapeuta começa a se sentir provocado, quase que forçado a falar coisas que o paciente quer ouvir, como se as palavras fossem postas em sua boca, ou, ainda, começa a se sentir compelido a se expor como pessoa e a contar fatos de sua vida pessoal para o paciente.

A externalização da defesa de atuação psicopática é claramente observada quando o paciente, por meio de falas, atitudes ou de ambas as coisas, começa a provocar reações no terapeuta.

Essas atitudes de provocação funcionam como atuações, pois o paciente comunica algo ao terapeuta com uma mensagem indefinida e, com isso, evita se expor abertamente e entra em contato com seus verdadeiros pensamentos, sentimentos, atitudes ou intenções.

Apresento alguns exemplos hipotéticos como ilustração.

1. O paciente não gosta do terapeuta, ou acha que a terapia não está funcionando.

Provoca uma atuação para comunicar sua insatisfação ao terapeuta, por exemplo, faltando sistematicamente às sessões sem avisar. O terapeuta recebe essa atuação como uma mensagem indefinida. Começa a desenvolver fantasias a respeito, ou a formular inúmeras hipóteses teóricas na tentativa de compreender o significado dessa mensagem e a intenção dessa atitude. Na verdade, o terapeuta não sabe qual o verdadeiro significado da atuação, assim como o paciente também não tem consciência de sua verdadeira intenção, pois a atuação tem exatamente o objetivo de evitar a conscientização da própria intenção.

Essa atuação acaba induzindo o terapeuta a entrar em contato com seus próprios conteúdos internos e a se expor. Começa a questionar a importância da terapia para o paciente, a se questionar para o paciente, como terapeuta, ou acerca de seu método terapêutico.

2. O paciente começa a apresentar alguma forma de atuação referente ao pagamento das sessões.

Essa atuação é uma atitude de provocação, pois induz o terapeuta a questionar essa dinâmica e a levantar o tema "dinheiro". O terapeuta é quem se vê obrigado a abrir o tema e a se posicionar, sem que o paciente traga o assunto para ser discutido na sessão.

Nesse caso o terapeuta também percebe que essa atuação tem um significado e começa a formular inúmeras hipóteses, como: "o paciente quer levar vantagem e atrasa o pagamento", "essa atitude é para agredir e mostrar o descontentamento com a terapia", "está querendo saber se é especial", "está testando limites" etc.

3. O paciente sente ciúme do paciente que é atendido no horário anterior ao seu e, com freqüência, chega atrasado às sessões ou fica em silêncio prolongado todo início de sessão.

O terapeuta sente-se obrigado a tomar alguma atitude e começa a levantar temas na sessão. Por exemplo: preocupa-se em não atrasar o horário da sessão desse paciente, ou a sentir vontade de mudar o horário de um deles, a questionar o valor da terapia, ou, ainda, propõe inúmeras dinâmicas, e pode até abrir o tema sobre ciúme.

Assim, o terapeuta tende a desenvolver infindáveis hipóteses teóricas para tentar decodificar o significado da defesa de atuação. Como conseqüência, ele começa a abrir várias dinâmicas ao mesmo tempo e a inundar a terapia de possíveis temas a serem trabalhados. É como se ele ficasse atirando no escuro, na tentativa de acertar algum alvo. Muitas vezes, embasado em uma hipótese teórica, ele até acerta alguns alvos, mas o problema é que quem está trazendo os temas é o terapeuta, e não o paciente. Este não abre nenhuma dinâmica por sua própria conta e fica apenas na posição de concordar ou discordar.

O terapeuta, diante da defesa de atuação psicopática externalizada e instalada no *setting*, tende a apresentar as seguintes reações:

- Desenvolve inúmeras hipóteses teóricas na tentativa de interpretar o significado das condutas de atuação.

- Levanta temas que julga procedentes e com isso abre inúmeras dinâmicas para serem trabalhadas.

- Sente-se obrigado a tomar determinadas atitudes que não seriam as suas condutas usuais.

Nessa situação, o terapeuta está mobilizando uma reação indireta à defesa do paciente, o que, segundo nossa definição, entendemos que está atuando na contradefesa.

Ao atuar na contradefesa, o terapeuta começa a abrir cada vez mais temas para a sessão, perde o comando da sessão, a terapia fica patinando na defesa com várias dinâmicas abertas sem possibilidade de aprofundamento em nenhuma delas.

Em síntese, o que caracteriza a defesa de atuação psicopática externalizada e instalada no *setting* terapêutico é a postura do paciente, que, sem se expor diretamente, cria um clima de provocação no ambiente com a intenção encoberta de:

- Buscar referencial externo para esclarecer sua confusão interna entre o que pensa e o que percebe.
- Induzir o terapeuta a se expor na sessão no lugar dele, e a falar o que gostaria de ouvir.
- Instigar o terapeuta a fazer determinados questionamentos e principalmente levantar temas para a sessão.
- Obrigar o terapeuta a tomar determinadas atitudes de proteção ou de limite em relação às atitudes de atuação.

DEFESA DE IDÉIA DEPRESSIVA

É uma defesa intrapsíquica originada na área mente e relativa ao Modelo de Defecador. Consiste em reter as idéias do pensamento para evitar a confusão entre o pensar (área mente) e o perceber (área ambiente), e manter o material excluído dentro da zona de exclusão pertinente a esse modelo.

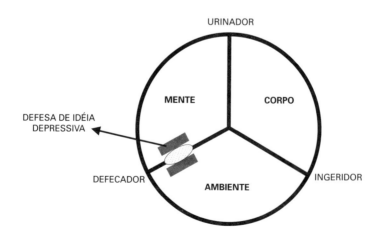

A confusão entre a área ambiente e a área mente ocorre com conteúdos pensados e percebidos que tendem a ser identificados e notados conforme a linha de pensamento do indivíduo, com base nas interpretações e teorizações que ele formula para explicar as suas próprias intenções e atitudes. Por exemplo: eu penso que o meu chefe não gosta de mim e começo a me comportar com ele como se isso fosse verdade, independentemente das atitudes dele para comigo. Passo a identificar e interpretar as atitudes dele conforme a premissa de meu pensamento e a formular explicações para minhas próprias atitudes em relação a ele.

A defesa de idéia depressiva é caracterizada por um debate interminável do indivíduo consigo mesmo, numa aparente tentativa de explicar e teorizar suas próprias ações, atitudes e procedimentos.

Essa defesa, rica em teorizações, argumentos e contra-argumentos, é, na verdade, uma falsa elaboração dos conflitos intrapsíquicos. Tem como função psicológica básica impedir que os verdadeiros conteúdos excluídos (sentimentos, pensamentos, percepções e intenções) cheguem ao consciente. Impede os *insights* e a elaboração interna desses conteúdos, mas não impede o aparecimento da angústia.

A defesa de idéia depressiva apresenta características semelhantes aos processos mentais dos quadros depressivos, mas ela não é, em si, uma depressão. Ao contrário, ao mobilizar essa defesa, o paciente está lutando para não se deprimir. Ao bloquear, pela ação da defesa, o contato consciente com os conteúdos internos do verdadeiro Eu, ele evita um "cara a cara consigo mesmo".

Essas constatações, esse "cara a cara consigo mesmo", muitas vezes levam o indivíduo a se deprimir (depressão de constatação), a se voltar para seu mundo interno e se ver como realmente é, e não como gostaria de ser.

Se não entrar em contato com seus verdadeiros conteúdos internos, o paciente com defesa de idéia depressiva mobilizada desencadeia um clima de amortecimento, que se manifesta sob a forma de apatia, falta de expressão emocional, cansaço e peso.

Comparamos o indivíduo com a defesa depressiva instalada como um carro num atoleiro. O carro faz barulho, gasta combustível, movimenta as rodas, mas não sai do lugar.

A defesa depressiva é um atoleiro mental. O indivíduo pensa, sente, debate, questiona, sofre e até se desespera, mas não consegue realmente elaborar nada de seus verdadeiros conteúdos.

Tende a gastar seu tempo de forma improdutiva e queixa-se de cansaço como se estivesse realmente muito atarefado. Sua verdadeira agitação é no processo mental.

Do ponto de vista clínico, observamos duas formas de manifestação da defesa depressiva no *setting* terapêutico:

Defesa de idéia depressiva mobilizada no intrapsíquico: caracteriza-se pelo debate interno que o paciente estabelece consigo mesmo. Ele faz questionamentos, argumenta e contra-argumenta e debate os temas por ele mesmo levantados. É como se estivesse conversando e debatendo consigo mesmo em voz alta.

Na sessão, aparentemente, o paciente traz muito conteúdo e situações de conflito para serem trabalhados. Verbaliza seus pensamentos em forma de debate, questionamentos e hipóteses que, na verdade, funcionam como uma barragem mental que impede a conexão entre os verdadeiros pensamentos, intenções, percepções e sentimentos. Ao falar, é como se estivesse entrando num atoleiro mental e se confrontando com situações de impasse tanto internas quanto externas. Na tentativa de sair do impasse, monta argumentos e teorias explicativas que vão se tornando "verdades absolutas", a respeito de si mesmo e do mundo. Tende somente a comunicar ao terapeuta a conclusão de suas idéias e não evidencia a rigidez de seus próprios questionamentos.

Defesa de idéia depressiva mobilizada e atuada no ambiente externo: nesses casos, o paciente provoca um debate teórico com o terapeuta que, na verdade, não leva a lugar nenhum.

No *setting* terapêutico, promove uma infinita teorização, convida e instiga o terapeuta a ser co-participante de um debate improdutivo, embora aparentemente rico em conteúdo, e provoca um clima parado e pesado na sessão. A defesa depressiva atuada no campo relacional funciona como uma forma de resistência passiva, que se manifesta como uma postura de oposição e provocação.

Em síntese, a defesa depressiva mobilizada no intrapsíquico e atuada no *setting* terapêutico traz como conseqüência um questionamento improdutivo e uma falsa elaboração como material explicitado, um bloqueio do material excluído e uma angústia manifesta que não está ancorada nos conteúdos que estão sendo debatidos, mas no material excluído, que foi mobilizado por alguma situação e ficou bloqueado pela instalação da defesa depressiva.

O terapeuta diante da defesa de idéia depressiva

A sensação do terapeuta, numa sessão de defesa depressiva mobilizada no intrapsíquico, é de que o paciente falou o tempo todo, mas não disse e não descarregou nada. Ele sai da sessão como entrou, e o terapeuta fica com a incômoda sensação de que tinha uma série de temas a serem trabalhados, mas não conseguiu atingi-los. De início, a principal reação do terapeuta é assistir a um debate, no qual o paciente conversa e debate em voz alta consigo mesmo. O terapeuta sente-se um observador, sem função de questionar, e suas intervenções não interferem no curso de pensamento do paciente. Como observador, o terapeuta começa a querer saber mais, a buscar mais informações, como se os dados até então apresentados fossem insuficientes. Sua sensação é de ter ouvido muito, mas, na verdade, não foi informado de nada importante.

À medida que a defesa depressiva vai se instalando e sendo atuada no *setting* terapêutico, provoca reações no terapeuta tanto mentais como corporais.

Nas mentais, o terapeuta sente-se compelido a entrar nas discussões teóricas promovidas pelo paciente. O paciente com defesa de idéia depressiva mobilizada está lutando para não se deprimir, e sua principal arma é a ativação mental. Assim, tende a promover discussões improdutivas, a justificar, racionalizar e teorizar seus conflitos. Nessa situação, por não reconhecer a defesa, o terapeuta tende a mobilizar uma reação patológica indireta, dando "corda" e até estimulando as conversas teóricas sobre os mais diversos temas, que acabam por cair num vazio repleto de teoria e de falsos *insights*. As brilhantes teorias conjuntas, os assinalamentos e interpretações do terapeuta estão simplesmente a serviço da intensificação da defesa. O terapeuta, ao querer tratar essa defesa no mental, começa a sobreatuar na sessão. Ancorado no seu conhecimento, ele promove explicações, interpretações e dramatizações com base na técnica e na teoria para trabalhar um conteúdo que está bloqueado e defendido. A postura de sobreatuação por parte do terapeuta contribui para fortalecer e estruturar cada vez mais a defesa no *setting* terapêutico.

A sensação, tanto do terapeuta como do paciente, é de que não chegaram a lugar nenhum. "Trabalharam" muito e progrediram pouco.

No aspecto emocional, o paciente emite um clima denso, parado, pesado e amortecido, independentemente do conteúdo abordado. Esse clima é a manifestação da resistência passiva na sessão, o que acaba por provocar reações de irritação e intolerância no terapeuta, ao evidenciar que, mesmo com tanto entendimento, nenhuma mudança acontece no paciente, em seu mundo interno ou em suas ações na vida. Provoca também uma sensação de peso e torpor.

O terapeuta, ao atuar a contradefesa, está lutando com o paciente contra a depressão (no sentido de constatação), com a qual ele precisa entrar em contato para desbloquear seus conteúdos internos e, como conseqüência, o próprio processo de terapia.

No contexto de supervisão de grupo, quando o terapeuta desempenha o papel do paciente internalizado com essa defesa mobilizada, observamos também a manifestação grupal do fenômeno da contradefesa. Nesse caso, os comentários do grupo são caracterizados por inúmeras hipóteses teóricas e ocorre a tendência de se promover no grupo uma interminável discussão teórica, na tentativa de adivinhar o que o paciente realmente diz.

DEFESA DE IDÉIA OBSESSIVA

É uma defesa intrapsíquica da área mente relativa ao Modelo de Urinador e tem como função evitar a confusão entre o pensar (área mente) e o sentir (área corpo).

A defesa obsessiva pode surgir sob a forma de imagens mentais, pensamentos ou idéias que invadem a mente e ficam reverberando de forma constante, repetitiva e estereotipada. Como conseqüência, trazem a inibição do pensamento produtivo e da ação relacionada a eles. São reconhecidos como conteúdos mentais do próprio indivíduo, que se manifestam de forma involuntária, e são identificados como sem sentido lógico pelo próprio Eu consciente. O paciente que apresenta essa defesa não tem controle sobre seus pensamentos obsessivos e usualmente tenta, sem sucesso, resistir a eles e controlá-los.

Como em toda defesa mobilizada no intrapsíquico, a angústia está diretamente acoplada aos sintomas obsessivos. Muitas vezes, esses sintomas são considerados pelo paciente como causa e não como conseqüência da angústia. Os conteúdos presentes na defesa obsessiva são muito variáveis e podem se manifestar no nível mental das mais diferentes formas: idéias repetitivas, meramente fúteis, como uma música que não sai da cabeça; somar e contar números; repetir seqüências numéricas ou de palavras etc.; idéias obsedantes (fixas) com temas relativos ao presente, ao futuro ou mesmo de situações triviais da vida cotidiana; imaginar conversas, cartas, atitudes, de forma repetitiva e improdutiva; idéias recorrentes baseadas em temas específicos, como doença, morte, perda, homossexualismo etc.; seqüências de imagens mentais desconexas e repetitivas (cineminha), muito comuns à noite e responsáveis por insônia em virtude da agitação mental que causam; idéias recorrentes associadas ao medo de não ser capaz de resistir a impulsos agressivos ou sexuais e acabar atuando-os de forma inadequada ou com pessoas que ama.

Assim, identificamos que a estrutura do pensamento presente na defesa obsessiva é sempre a mesma, o que muda é o conteúdo dos temas que se repetem. Independentemente do conteúdo, os pensamentos obsessivos chegam sempre no mesmo lugar. São pensamentos circulares, que não evoluem nem descarregam, e que, no final, chegam ao mesmo ponto de onde partiram.

A conseqüência da mobilização da defesa obsessiva é que a mente do indivíduo fica permanentemente acelerada e ocupada por uma "barragem de pensamentos" que impede que esse indivíduo entre em contato consciente com seus verdadeiros pensamentos, que se encontram na zona de exclusão.

Ao mobilizar essa defesa, o psiquismo do indivíduo está evitando que seu Eu consciente se volte para seu mundo interno, para identificar seus verdadeiros conteúdos, e, portanto, que estabeleça contato, por meio de sua autopercepção, entre suas emoções e seus pensamentos.

A defesa obsessiva pode estar mobilizada somente no intrapsíquico – e o terapeuta só fica sabendo se o paciente lhe conta o que está havendo com seus pensamentos –, ou, então, pode se exteriorizar no ambiente.

A defesa obsessiva exteriorizada (no ambiente externo) é percebida pelo fato de o indivíduo se tornar um contador de histórias – e freqüentemente um contador das mesmas e repetidas histórias –, tanto a respeito de sua própria vida como da dos outros, referentes a temas específicos etc. O que bem caracteriza essa situação é a repetição dos mesmos temas com histórias muito parecidas ou iguais.

No *setting* terapêutico é possível perceber a mobilização da defesa obsessiva quando o paciente começa a contar, em todas as sessões, variações sobre os mesmos temas, como se fosse uma novela, que vai se desenrolando, mas que não sai muito do lugar. Cada sessão parece ser diferente da outra, mas, na realidade, elas são muito semelhantes e os conteúdos abordados nunca chegam a lugar nenhum nem se descarregam.

A postura do terapeuta em relação ao paciente com defesa de idéia obsessiva mobilizada no *setting* terapêutico acaba sendo a de se mostrar curioso para "ficar sabendo das novidades" ou "do próximo capítulo" sem se dar conta de que, na realidade, não existe nenhuma novidade, e que o próximo capítulo é sempre muito semelhante ao anterior.

DEFESA DE RITUAL COMPULSIVO

É uma defesa intrapsíquica da área corpo e também relativa ao Modelo de Urinador. Apresenta como função básica evitar a confusão entre o sentir/agir (área corpo) e o pensar (área mente).

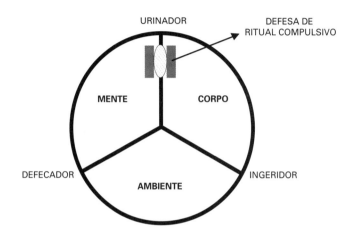

A defesa compulsiva manifesta-se no ambiente externo sob a forma de rituais. Rituais ou atos compulsivos são comportamentos estereotipados, repetitivos e reconhecidos como sem propósito e ineficazes, uma vez que não estão a serviço da execução dos desejos, das vontades ou das tarefas diárias.

Na Análise Psicodramática a defesa de ritual compulsivo é definida como uma ação repetitiva, desprovida de intenção consciente, que funciona para substituir a verdadeira ação carregada de suas correspondentes emoções.

Ao mobilizar a defesa de atos ou rituais compulsivos, o indivíduo está evitando, de forma inconsciente, entrar em contato com a possibilidade de que suas emoções possam vir a se tornar ações.

Os rituais compulsivos mais comuns dizem respeito a:

1. Rituais de limpeza: por exemplo, tomar vários banhos ao dia, lavar as mãos inúmeras vezes, limpar e desinfetar ambientes repetidas vezes etc.
2. Rituais de organização: arrumar o ambiente externo – armários, livros, mesa de trabalho etc. – exageradamente.
3. Rituais de verificação: surgem como atos compulsivos. A pessoa sente-se compelida a verificar muitas vezes, por exemplo, se não se esqueceu de fechar a torneira, desligar o gás, trancar a porta etc. Ou sente-se compelida a conferir inúmeras vezes a assinatura no cheque, a conta bancária etc.

O que move esses atos compulsivos é uma idéia fixa de que pode ser responsável por alguma ação perigosa ou desonesta e que possa vir a ser punido por isso. É uma tentativa simbólica de afastar a idéia de que eventualmente pode ser o causador de uma situação de perigo para as outras pessoas ou para si mesmo.

Os perigos estão associados ao medo inconsciente de atuar, no ambiente externo, as suas próprias emoções excluídas e evitadas.

4. Rituais de conteúdo místico ou supersticioso: muitas vezes os rituais cotidianos, os rituais religiosos ou mesmo os comportamentos supersticiosos encobrem e mascaram a defesa de ritual compulsivo na vida.

Os rituais compulsivos são mais facilmente reconhecidos por seu caráter sem propósito, pelo fato de tenderem a tomar grande parte do tempo do dia e a pessoa se sentir prisioneira de seus rituais. São entendidos como defesa quando sua não-realização ocasiona aumento da angústia e da sensação de desorganização interna e externa.

Os atos compulsivos, muitas vezes, são encobertos ou se mesclam com características de personalidade da pessoa, como obstinação, persistência, perfeccionismo ou atitudes cotidianas.

Na Análise Psicodramática, não identificamos uma diferença significativa entre a defesa compulsiva internalizada e a defesa de idéia obsessiva internalizada no *setting* terapêutico, pois suas manifestações se tornam muito semelhantes.

Considero importante estabelecer um diagnóstico diferencial entre os rituais compulsivos, como a defesa intrapsíquica e as dinâmicas compulsivas.

As dinâmicas compulsivas apresentam como característica central os atos impulsivos que o indivíduo é compelido a realizar por uma imposição interna, resultantes de uma divisão interna em seu psiquismo. Nessa divisão, vamos ter uma parte de censura (NÃO) e uma parte permissiva (SIM).

Nas dinâmicas compulsivas normalmente não existe dúvida, a pessoa não estabelece confronto com a parte da divisão interna ou com o próprio Eu responsável pela posição do NÃO. Quando domina a parte de censura, a pessoa é toda NÃO.

A ação impulsiva/compulsiva é regida por uma ordem imperativa interna, na forma de um SIM permissivo. Em muitos casos, no aspecto psicodinâmico, observamos a presença de uma Figura de Mundo Interno que impulsiona a ação compulsiva e estimula a busca do prazer imediato (SIM). Quando domina a parte permissiva, a pessoa é toda SIM. A Teoria da Análise Psicodramática formula o conceito de divisão interna corporificada, e é com base nesse conceito que fundamenta a compreensão das dinâmicas compulsivas.

O confronto com o NÃO na forma de culpa ou arrependimento só surge depois da ação realizada, quando a pessoa tem de lidar com as conseqüências dessa ação compulsiva. O que determina as ações impulsivas presentes nas dinâmicas compulsivas é a intenção. O "para quê?", a intenção básica, é sempre a busca da satisfação ou do prazer imediato.

Nas dinâmicas compulsivas ligadas ao Modelo de Ingeridor, a intenção é *receber* satisfação, dando algo que deseja.

Ligada ao Modelo de Defecador, a intenção é expressar algum tipo de emoção que muitas vezes está relacionada a agredir ou chocar o ambiente ou as pessoas. Já no Modelo de Urinador, a intenção é desencadear uma ação, na qual surge a satisfação no momento em que a ação está sendo realizada.

A principal diferença é que o ritual compulsivo é uma defesa intrapsíquica caracterizada por uma idéia recorrente no nível mental e por uma ação simbólica que substitui a verdadeira ação associada aos conteúdos emocionais.

Nas dinâmicas compulsivas a ação é movida pelo domínio intrapsíquico de uma Figura de Mundo Interno, corporificada, e o Ego não tem voz de confronto.

As dinâmicas compulsivas não são consideradas, nessa abordagem, dentro de um conceito de defesa intrapsíquica, e, portanto, não são específicas do Modelo de Urinador. Como exemplo das dinâmicas compulsivas, citamos a compulsão por comprar, roubar (cleptomania), mentir (mitomania), ou, ainda, os atos compulsivos ligados a comer, beber, fumar etc.

O terapeuta diante da defesa de idéia obsessiva e de ritual compulsivo

A defesa obsessiva-compulsiva, do ponto de vista teórico, não aparece com freqüência, de forma evidente, no *setting* terapêutico.

A defesa de idéia obsessiva pode estar mobilizada somente no nível intrapsíquico e o terapeuta só fica sabendo se o paciente lhe conta o que está acontecendo com seus próprios pensamentos.

A defesa compulsiva, embora seja da área corpo, que se manifesta no ambiente externo na forma de atos e rituais compulsivos, ocorre com maior freqüência na vida do que no *setting* terapêutico.

Alguns rituais são exteriorizados no próprio ambiente do consultório, embora, muitas vezes, não ocorra a manifestação corporal específica do ritual durante a sessão de terapia.

Observamos, ainda, que essa defesa na forma de atos compulsivos pode estar se manifestando na sessão, mas fica encoberta pelo próprio enquadre do *setting* terapêutico.

O fato de o contexto terapêutico já ser de certa forma ritualizado, pois ocorre no mesmo horário, no mesmo dia da semana, na mesma sala, com os mesmos móveis e, na maior parte das vezes, o sentar-se na mesma cadeira, com a mesma forma de iniciar a sessão etc., acaba por encobrir e dificultar a percepção do terapeuta quando ocorre mobilização da defesa compulsiva, pois esta pode ficar instalada na própria ritualização do *setting*.

Nesse caso, o terapeuta também fica na dependência de o paciente contar sobre seus rituais ou atos compulsivos na vida ou, então, fica à espera de que algum fato circunstancial promova alterações no enquadre terapêutico.

Como vimos nas outras defesas descritas, utilizamos, na Análise Psicodramática, além da conceituação teórica, a observação clínica relativa às reações provocadas no terapeuta, o clima emocional presente na sessão, o discurso do paciente etc. como parâmetros para o reconhecimento das defesas intrapsíquicas instaladas ou em fase de instalação no *setting* terapêutico.

No caso da defesa obsessiva-compulsiva essa observação é centrada na sensação e na reação do terapeuta, no discurso e nas atitudes do paciente, caracterizados pela repetição dos temas e dos movimentos corporais.

No *setting* terapêutico percebemos a mobilização da defesa obsessiva-compulsiva quando o paciente começa a contar, em todas as sessões, variações sobre o mesmo tema, como se fosse uma novela, que vai se desenrolando, mas que não sai muito do lugar. O processo de terapia se transforma na "novela das oito". Todas as sessões seguem o mesmo tema, o mesmo ritmo, mas a cada capítulo novos acontecimentos são contados. Assim, cada sessão parece ser diferente da outra, mas, na realidade, elas são muito semelhantes, e, no final, chegam no mesmo lugar e os conteúdos emocionais não se descarregam.

A sensação do terapeuta perante o paciente com essa defesa mobilizada no *setting* terapêutico é de aos poucos ir se envolvendo com a trama da novela, que é a própria vida do paciente. Com o decorrer das sessões, o terapeuta começa a entrar num trilho obsessivo com o paciente e a se sentir cada vez mais interessado, envolvido e curioso. Nessa altura, a principal reação do terapeuta é a de ficar curioso para "saber das novidades", sem se dar conta de que, na realidade, não existe nenhuma novidade, e sim uma evitação sistemática dos temas e das emoções ligados à angústia do paciente e ao material excluído.

CONSIDERAÇÕES FINAIS

O objetivo deste capítulo é oferecer uma sistematização a respeito de algumas sensações e reações emocionais básicas que o terapeuta apresenta quando as defesas dos pacientes começam a ser mobilizadas tanto na forma intrapsíquica quanto na forma externalizada no *setting* terapêutico.

Na medida em que o terapeuta desenvolve uma clara consciência das reações emocionais nele provocadas pela mobilização das defesas intrapsíquicas do paciente, ele pode diagnosticar de maneira precoce essa situação e lançar mão de procedimentos terapêuticos adequados para não perder o foco da terapia, que são as dinâmicas psicológicas excluídas e tamponadas pela ação da defesa.

A Teoria das Defesas funciona como substrato teórico para o reconhecimento e o diagnóstico do padrão de defesa presente na sessão.

Além desse aspecto teórico, o terapeuta pode contar com outro recurso, que consiste na identificação e na conscientização de suas próprias sensações, decorrentes da instalação da defesa do paciente no campo relacional terapêutico. As reações contratransferenciais, diriam os terapeutas com fundamentação psicanalítica ou psicodinâmica.

Gostaria, nesse ponto, de tentar esclarecer a confusão clínica entre os conceitos de contratransferência apresentados na fundamentação teórica e o conceito de contradefesa desenvolvido neste livro.

Para tal, voltamos à antiga questão sobre o trabalho terapêutico com foco no conteúdo latente (material excluído) ou no conteúdo manifesto.

Moreno foi categórico ao afirmar que o psicodrama prioriza o conteúdo manifesto, os aspectos tangíveis e observáveis do Eu. O ser humano nas relações, o tempo presente.

Freud, no decorrer de toda sua obra, prioriza a elucidação dos conteúdos latentes (inconscientes).

Reich foi mais esclarecedor ao propor que, no trabalho com as defesas (couraças caracteriais), o foco principal deve ser o conteúdo manifesto (a forma). As dinâmicas inconscientes emergem quando a defesa é desmobilizada no processo terapêutico.

A Análise Psicodramática entende que o objetivo terapêutico principal é o resgate e a integração do material excluído (latente) tanto de 1ª como de 2ª zona de exclusão do psiquismo.

Agora, quando o processo de terapia está bloqueado por algum dos sistemas de defesa do psiquismo, a intervenção terapêutica é centrada no conteúdo manifesto com o objetivo de abrir caminho para acessar e posteriormente integrar o material excluído.

Nesse ponto, estabeleço a primeira diferença conceitual entre transferência e defesa intrapsíquica.

Os conteúdos internos atuados na transferência são oriundos do material latente (inconsciente) e relativos ao universo de mundo internalizado projetado. As defesas são relativas ao universo intrapsíquico e têm como função psicológica evitar o contato do Eu consciente com essas vivências do passado, excluídas.

Nos processos transferenciais, as vivências do passado são revividas e atualizadas nas relações do presente, sem a participação do Eu consciente.

Nas defesas intrapsíquicas externalizadas no campo relacional o que ocorre é a repetição dos padrões de defesa montados no passado. Claro está que ambos são processos inconscientes.

Considero que o terapeuta – independentemente da escola terapêutica que segue – que não tem uma clara fundamentação teórica a respeito dos mecanismos de defesa tende a trabalhar os conteúdos manifestos. A acreditar que os conflitos intrapsíquicos se resolvem com o trabalho focado no relacional e a tratar os sintomas como causa e não como conseqüência de uma psicodinâmica específica.

Outro fator que contribui para o bloqueio do processo de terapia é quando o terapeuta, mesmo embasado numa teoria com fundamentação psicanalítica ou psicodinâmica, não consegue diagnosticar quando a defesa do paciente está se instalando no *setting* terapêutico. Ou, ainda, quando o terapeuta demora a perceber a defesa presente no *setting* porque está procurando no lugar errado, no conteúdo manifesto do discurso ou em suas referências teóricas.

Com a cristalização dessa situação, o terapeuta mobiliza, com freqüência, uma reação patológica indireta e tende a atuar o que chamamos de uma contradefesa no *setting* terapêutico.

O fenômeno da contradefesa é compreendido aqui como uma reação mental ou emocional do terapeuta, em particular, uma resposta ao padrão de defesa do paciente externalizado na sessão.

Defino contradefesa como resposta do terapeuta à defesa do paciente, excluindo a personalidade do terapeuta, sua contratransferência, inclusive, e todos os seus sentimentos anteriores e exteriores à sessão de terapia daquele paciente.

O termo "contra" é aqui utilizado no sentido de o terapeuta lutar contra a defesa do paciente e contra as suas próprias sensações e sentimentos decorrentes.

Observamos clinicamente que, diante de qualquer uma das defesas intrapsíquicas externalizadas no *setting*, de maneira geral, o terapeuta sente-se perdido e paralisado na sessão. Percebe que a terapia não evolui, que o paciente entra e sai da sessão do mesmo jeito, não descarrega nem mobiliza nenhum conteúdo interno, apresenta angústia na sessão, que tem muito material a ser trabalhado e não sabe por onde começar ou o que propor na sessão.

A sensação básica do terapeuta é de estar perdido na condução dessa terapia pelo fato de não estar compreendendo a dinâmica do seu paciente. Não percebe que a defesa mobilizada está impedindo o contato com a dinâmica psicológica subjacente e bloqueando a sua percepção. E, ainda, tem a sensação de não encontrar caminhos nessa terapia, quando na verdade é o paciente quem não está mostrando os seus conteúdos internos. O que se torna evidente – na forma manifesta – são os traços psicológicos da própria defesa.

Em razão da sensação de estar perdido, começa a se questionar como terapeuta ou a colocar em dúvida a eficácia de seu método terapêutico. Ou, o que é mais comum nas terapias de ação como psicodrama e outras abordagens, o terapeuta começa a levantar inúmeras dinâmicas, lutar contra a defesa do paciente e sobreatuar na sessão. Nesse caso, tende a se ancorar na teoria e a mobilizar seu arsenal técnico.

Ancorado na teoria e nas técnicas de ação, muitas vezes o terapeuta intensifica e instrumentaliza a defesa ao trabalhar com os sentimentos secundários aí presentes.

As reações da contradefesa do terapeuta muitas vezes estão mescladas com suas reações contratransferenciais no sentido psicanalítico clássico.

Nosso principal material de estudo para estabelecer os critérios de reconhecimento das defesas intrapsíquicas instaladas no contexto terapêutico, do ponto de vista dos terapeutas, veio de observações clínicas pessoais e do relato desses profissionais a respeito de como se sentem em relação ao paciente na situação de supervisão clínica.

Para o diagnóstico diferencial entre esses dois conceitos – de contradefesa e de contratransferência –, o parâmetro mais confiável veio de observações realizadas no contexto de supervisão de grupo.

Esse fenômeno (de contradefesa ou de contratransferência) pode ser reproduzido artificialmente na situação de supervisão pela técnica psicodramática de entrevistar o paciente internalizado.

A supervisão em grupo oferece um parâmetro confiável, pois podemos observar a reprodução de reações e respostas emocionais semelhantes em vários terapeutas ao mesmo tempo, no papel de supervisionandos. Por exemplo, uma situação na supervisão grupal em que o terapeuta é entrevistado no papel do paciente internalizado e esse paciente apresenta defesa fóbica mobilizada.

Com freqüência, a maioria dos supervisionandos relata não ter conseguido se ligar no caso, ter ficado desatenta ou sentir sono. Do ponto de vista clínico, é pouco provável que todo o grupo estivesse atuando uma reação contratransferencial em conjunto. Nesse contexto de supervisão, podemos observar reações grupais semelhantes e específicas para cada uma das defesas intrapsíquicas mobilizadas e presentificadas no trabalho com o paciente internalizado. Outro exemplo: o paciente internalizado trabalhado na supervisão apresenta defesa de idéia depressiva. A tendência do grupo é de apresentar comentários racionais, explicativos, e ficar construindo inúmeras hipóteses teóricas sobre o caso.

Outra observação clínica na qual me baseio para defender a posição de que o fenômeno da contradefesa, embora interligado com o fenômeno da contratransferência, pode se manifestar de forma independente, diz respeito ao contexto da própria terapia.

Nesse caso, quando o terapeuta faz o manejo adequado para trabalhar a defesa, o paciente passa a sentir as mesmas reações (sintomas, emoções etc.) até então presentes somente no terapeuta. Ou, então, tende a fazer comentários e observações semelhantes aos que o terapeuta faria.

Como conseqüência, o terapeuta modifica seu estado emocional, mantém uma distância terapêutica, consegue sair da influência da defesa do paciente e passa a falar para o Eu deste, e não mais para sua defesa.

A defesa do paciente volta a se manifestar em sua forma intrapsíquica, o que possibilita que a dinâmica psicológica bloqueada seja evidenciada e, assim, o processo de terapia começa a caminhar de novo.

Essa situação evidencia o fenômeno da contradefesa como resposta reativa do terapeuta à defesa do paciente externalizada no campo terapêutico. Como também evidencia que as cargas contratransferenciais do terapeuta para essa dinâmica não estavam mobilizadas, portanto, não era esse o fenômeno responsável pela obstrução do processo de terapia.

Cabe aqui uma questão: se não poderíamos entender o fenômeno da contradefesa como a própria defesa intrapsíquica do terapeuta mobilizada na sessão. Proponho essa diferenciação com base na observação da resposta do paciente ao manejo terapêutico. E, principalmente, na observação *de que essas reações do terapeuta surgem somente durante a sessão daquele paciente, com a defesa mobilizada, e de que tendem a desaparecer ao término da sessão e a se repetir nas próximas sessões enquanto não forem trabalhadas.*

Para que o trabalho terapêutico com as defesas intrapsíquicas torne-se eficiente, o terapeuta precisa contar com:

- Uma clara fundamentação teórica.
- Critérios clínicos de observação definidos.
- Conhecimento a respeito de si mesmo, para diferenciar suas reações pessoais das reações provocadas pela defesa do paciente.

O terapeuta precisa contar com sua percepção télica e com sua autotele, conceito que Moreno desenvolveu como sinônimo de saúde psicológica. E é exatamente nesse ponto que observamos a interligação das reações contratransferenciais e de contradefesa. Clinicamente, evidencia-se a emergência de conteúdos contratransferenciais nos casos em que:

- O terapeuta identifica, por meio de supervisão ou de suas próprias investigações internas, que está preso na dinâmica da defesa do paciente.
- Utiliza os procedimentos terapêuticos adequados e essa situação não se modifica no decorrer das sessões.
- Mesmo com essa consciência e orientado em relação ao manejo, não consegue lidar com essa situação.

Nesses casos, torna-se evidente que o terapeuta está preso na sua contratransferência, motivada pela dinâmica inconsciente do paciente, ou por aquilo que o paciente representa para ele.

Entendemos que a contratransferência, no sentido psicanalítico clássico, como patologia (neurose) do terapeuta, é a base dinâmica sobre a qual se estabelece a complementaridade interna patológica no *setting* terapêutico.

Ou, ainda, podemos observar algum conteúdo contratransferencial na sessão, no sentido dos pontos cegos do terapeuta criados por seus próprios conflitos não resolvidos. Nesse caso, o terapeuta está inconscientemente evitando que a dinâmica psicológica do paciente subjacente à defesa venha à tona na terapia. Por exemplo: o terapeuta que se sente ameaçado por seus próprios sentimentos destrutivos inconscientes tem dificuldades e torna-se incapaz de detectar qualquer conteúdo destrutivo no material do paciente, ou tende a evitar inconscientemente essa dinâmica, desviando o material terapêutico para outro tema. Ou, o terapeuta que não trata de seu núcleo depressivo não consegue perceber nem tratar os conteúdos depressivos do paciente. Tende a evitar esse tema, desviando-o para outros assuntos ou compactuando com o padrão de defesa do paciente. Assim, inconscientemente, o terapeuta evita – de forma sistemática – entrar em contato com os conflitos do paciente que não resolveu em si mesmo.

Entendo que, muitas vezes, ficar patinando na defesa do paciente configura uma situação em que terapeuta e paciente estabelecem um pacto inconsciente de não mobilizar as dinâmicas excluídas e bloqueadas pela ação da defesa e da contradefesa.

Essa situação corresponde exatamente à afirmação de Freud de que a terapia do paciente só vai até onde foi a terapia de seu terapeuta.

A conscientização de que se encontra num atoleiro provocado pela defesa do paciente abre duas possibilidades ao terapeuta: 1) efetuar os procedimentos terapêuticos adequados e, como conseqüência, a terapia do paciente evoluir; 2) clarear seus pontos cegos, ao identificar a qualidade de suas reações e sentimentos envolvidos nesse processo, e tratar seus conteúdos emocionais conscientizados por meio da contratransferência na sua própria terapia.

O que possibilita a conscientização do terapeuta a respeito de suas sensações provocadas pela defesa ou pela transferência do paciente é o seu grau de saúde emocional. Em outras palavras, o grau de desenvolvimento de sua autotele.

O terapeuta, no decorrer de sua experiência clínica, pode ir desenvolvendo sua capacidade télica ao se defrontar com suas dinâmicas inconscientes desencadeadas pelas de seus pacientes.

A técnica de escolha utilizada pela Análise Psicodramática para trabalhar as defesas intrapsíquicas instaladas no *setting* terapêutico é a técnica do espelho. Com suas várias modalidades, permite ao paciente lidar com suas defesas, graduando e hierarquizando por si mesmo o contato com o material excluído. Na posição de observador de si mesmo, aos poucos, toma consciência de sua defesa e entra em contato com seus conteúdos excluídos. Como conseqüência, a defesa começa a ser desmobilizada e o material excluído pode ser conscientizado, elaborado e integrado.

As técnicas de espelho funcionam como um instrumento valioso também para o terapeuta. Em primeiro lugar, porque possibilitam ao terapeuta refletir (espelhar) apenas o que observa. O espelho reflete o conteúdo manifesto (traços da defesa) do paciente e não os conteúdos do terapeuta.

Em segundo lugar, ao "ser" o paciente por meio da técnica do espelho, o terapeuta cria uma condição especial para captar as sensações inconscientes do paciente evitadas pela ação da defesa. É freqüente, ao espelhar o paciente, o terapeuta antecipar a mesma imagem, sensação ou pensamento que o paciente relata após "se olhar no espelho".

Em terceiro lugar, essa técnica permite ao terapeuta se dar conta e diferenciar quando suas sensações não têm conexão com seus conflitos internos, portanto, quando se encontra impregnado de sentimentos que não são originalmente seus e que pertencem ao seu paciente.

Com certa garantia, o terapeuta pode, por meio dessa técnica, desencadear um mínimo de cargas contratransferenciais e um máximo de percepção télica, tanto para a captação das emoções bloqueadas pelo mecanismo de defesa do paciente como para as dinâmicas inconscientes subjacentes à defesa.

O terapeuta, ao desenvolver sua capacidade de identificação empática com as dinâmicas inconscientes do paciente, com sua autotele, sensibilidade e intuição, pode tornar-se cada vez mais apto para captar os processos inconscientes do paciente e devolvê-los de forma terapêutica.

Na Análise Psicodramática, entre outros procedimentos, utilizamos várias formas de espelho (espelho acoplado com duplo, espelho com interpolação de resistência, espelho com questionamento etc.) para instrumentalizar clinicamente a devolução ao paciente da dinâmica captada pelo inconsciente do terapeuta.

E é dessa forma que entendemos como o inconsciente do terapeuta, ao funcionar como "órgão receptor", pode ser um valioso e eficiente instrumento na compreensão dos processos inconscientes do paciente.

Em termos conceituais, localizamos essa capacidade de captação do inconsciente e de coesão télica dentro do conceito de clima terapêutico. Essa capacidade é considerada o elemento fundamental para o terapeuta funcionar como emissor do clima terapêutico facilitador, compreendido como a rede de sustentação emocional, condição básica para a evolução de todo o processo de terapia. Reservamos o conceito de contratransferência para designar a "patologia" do terapeuta no sentido de seus pontos cegos.

No contexto clínico, foi o uso sistemático das técnicas de espelho, desenvolvido na abordagem da Análise Psicodramática, que possibilitou a sistematização desses critérios apresentados para auxiliar no diagnóstico das defesas intrapsíquicas instaladas no *setting* terapêutico com base nas reações emocionais do terapeuta.

2. Psicodinâmica dos vínculos compensatórios

A psicodinâmica dos vínculos compensatórios é compreendida aqui como um dos mecanismos de defesa do psiquismo, que opera no campo relacional, e que apresenta duas funções defensivas:

▶ tampona o material cenestésico registrado na 1ª zona de exclusão do psiquismo;

▶ desloca a Angústia Patológica, que deixa de estar no mundo interno para se localizar na relação com o objeto compensatório.

No aspecto cenestésico, a pessoa projeta, em seu próprio vazio, suas sensações de falta e incompletude, e fica na expectativa de que alguém um dia se responsabilize e consiga preencher esse vazio da função psicológica que deveria ter sido desenvolvida no cenestésico e não o foi.

No aspecto psicológico, delega ao outro uma função específica, aquela que faltou durante a estruturação dos modelos, a que chamamos de fenômeno de Função Delegada. O vínculo compensatório, nesse conceito de função delegada, é sempre de dependência e pode ser direcionado para pessoas, coisas (bebida, chocolate, cigarro etc.), condutas (jogar, comprar etc.) ou, ainda, ideologias (políticas, religiosas, relativas à seitas etc.).

PATOLOGIA ESTRUTURAL

Como vimos, na Teoria da Programação Cenestésica apresentada no volume 1 (capítulo 1), o Psiquismo Organizado e Diferenciado (POD) é composto de três áreas psicológicas e de três modelos psicológicos.

Os modelos psicológicos, responsáveis por diversos tipos de mecanismos, são:

Modelo do Ingeridor: de incorporação, satisfação ou insatisfação de conteúdos externos para o meio interno.

Modelo do Defecador: de criação, elaboração, expressão e comunicação de conteúdos internos para o meio externo.

Modelo do Urinador: de planejamento, controle, decisão e execução de ações no ambiente externo que gratifiquem necessidades e desejos internos.

Área mente: processos explicativos.

Área corpo: processos de sentir.

Área ambiente: da percepção de si mesmo e do outro.

Esse desenvolvimento psicológico ocorre atrelado às funções somáticas não automáticas de comer, defecar e urinar e é característico da espécie. Isto é, esse desenvolvimento vai ocorrer de qualquer maneira, mas há uma série de fatores que podem facilitá-lo ou dificultá-lo.

Os fatores mais importantes para o desenvolvimento psicológico posterior dizem respeito aos *climas afetivos com os quais a criança entra em contato na sua Matriz de Identidade até os 2 anos de vida.* Esses climas afetivos podem ser identificados como:

Climas afetivos facilitadores: são climas afetivos de aceitação, proteção e continência oferecidos pelos pais e pela Matriz de Identidade que facilitarão o desenvolvimento dos modelos psicológicos e das áreas psicológicas, propiciando, portanto, a transformação do Psiquismo Caótico e Indiferenciado (PCI) em Psiquismo Organizado e Diferenciado (POD).

Climas afetivos inibidores: são climas afetivos de abandono, rejeição, hostilidade, ansiedade, medo, opressão e punição, também vindos dos pais e da Matriz de Identidade, que dificultarão a transformação do PCI em POD.

A ação intensa e constante de climas inibidores nos primeiros dois anos de idade impedirá a completa estruturação dos modelos psicológicos e que partes de PCI se transformem em POD.

Essas partes de PCI, que não se transformam em POD, chamam-se Zonas de Psiquismo Caótico e Indiferenciado (zonas de PCI), que passam a conviver com o Psiquismo Organizado e Diferenciado (POD).

A permanência das zonas de PCI, após os dois anos, desencadeia na criança quatro tipos de sensação, que podem permanecer durante toda a vida, e são constitutivas da psicopatologia estrutural básica.

1. Sensação de perda parcial de identidade.
2. Sensação basal de incompletude.
3. Sensação basal de insegurança.
4. Sensação basal de medo.

Essas sensações desencadearão um procedimento de urgência em completar aquilo que a criança sente que ficou incompleto em seu Mundo Interno. Esse procedimento chama-se Processo de Busca e está diretamente ligado à Angústia Patológica. Essa criança não tem condições de resolver seu Processo de Busca, pois, por um lado, a vida está lhe cobrando uma série de atitudes, como início do processo de socialização, normas e condutas, e, por outro, ela própria tem necessidade de crescer, mas não consegue se organizar psicologicamente com zonas de PCI convivendo com o POD.

A solução encontrada pelo psiquismo é excluir da identidade as zonas de PCI, projetando-as em coisas (paninho, chupeta, ursinho etc.) ou pessoas (mãe, pai, professora etc.). Dessa maneira, ela diminui sua Angústia Patológica e sua urgência do Processo de Busca, passando a se concentrar no desenvolvimento de suas próprias necessidades, embora fique dependente dos objetos ou das pessoas em que projetou suas zonas de PCI. A exclusão da zona de PCI da identidade da criança e sua projeção em pessoas ou coisas constituem o que chamamos de Vínculo Compensatório, que, por sua vez, tamponará a zona de PCI e a manterá excluída da identidade do indivíduo.

O que existe registrado na zona de PCI são vivências que também estão registradas no POD, mas que, pelo fato de a zona de PCI sofrer esse processo de exclusão, essas vivências ficam como que congeladas e, portanto, registradas como foram sentidas pelo bebê, ao passo que as vivências que ficam no POD sofrem um processo de organização e diferenciação, ficando apenas como pano de fundo do psiquismo do indivíduo. As vivências da zona de PCI que serão tamponadas são: *Vivência do clima inibidor:* é o clima inibidor como foi sentido pelo bebê. Uma sensação de "sem saída", desamparo, ameaça à sobrevivência, sentimento de morte e medo.

Vivência da sensação de falta e incompletude: é uma sensação de vazio, ligada a algo que deveria ter tido e não teve, e é sentida como grande tristeza, amortecimento e desencanto com a vida. Essa sensação é de falta física: registrada como algo que estruturalmente estava previsto para acontecer, mas não aconteceu.

Tensões crônicas: são vivências ligadas a uma expectativa de que existe algo para ocorrer e não ocorreu. É o término do desenvolvimento dos Modelos e Áreas. Essas tensões acabam sendo transformadas em couraças musculares.

Bloqueio de espontaneidade: o indivíduo não se sente espontâneo ao mobilizar e utilizar os modelos psicológicos e as áreas. Essas vivências, como foram sentidas pelo bebê, ficam registradas na zona de PCI, são excluídas da identidade e ficam tamponadas pelo vínculo compensatório.

E o que é Vínculo Compensatório?

É um tipo de vínculo psicológico que o indivíduo faz de forma unilateral com outra pessoa. Ele espera que outra pessoa o supra de determinadas funções afetivas que não teve quando criança. Na verdade, ele delega para determinada pessoa a responsabilidade de certas funções afetivas que não teve de maneira adequada e espera que essa pessoa cumpra com essas funções. Isso recebe o nome de Função Delegada.

Portanto, um vínculo compensatório é unilateral. O indivíduo o estabelece com outra pessoa, delegando para ela a responsabilidade sobre funções afetivas que ele não teve durante a fase cenestésica de seu desenvolvimento psicológico quando era criança.

As principais funções delegadas são: cuidar, proteger e orientar. Assim, para estabelecer o vínculo compensatório, a pessoa busca de forma inconsciente uma outra que tenha algum traço de personalidade que possa ser identificado com a correspondente figura primitiva, responsável pelo não-preenchimento da função afetiva na época de bebê.

Assim, desenvolve-se uma relação em alguns aspectos semelhante à primitiva incorporada. A finalidade não é simplesmente reproduzir e manter essa relação. Na verdade, essa forma relacional é estabelecida com a intenção de presentificar o passado, modificar no presente o vivido no passado e buscar o não-vivido. Portanto, ao estabelecer o vínculo compensatório, a pessoa está sempre querendo completar a sensação de falta registrada no psiquismo.

O que caracteriza o vínculo compensatório é o fato de que a pessoa, ao delegar determinada função para outra, tenta preencher suas faltas por meio do outro e não desenvolve o exercício de assumir para si a responsabilidade pela função que faltou.

O que fica delegado no vínculo compensatório não é a função propriamente dita, mas a *responsabilidade* pela função.

O vínculo compensatório é essencialmente irresponsável, posto que a pessoa se torna irresponsável perante si e a responsabilidade passa a ser do outro. Por exemplo, uma criança à qual faltou o clima afetivo de acolhimento e cuidados da mãe em seus primeiros meses de vida. Supomos, ainda, que esse cuidado faltou pelo fato de a mãe ter hostilidade em relação a esse filho. A hostilidade é o clima inibidor que dificultará o desenvolvimento do Modelo Psicológico do Ingeridor, gerando uma sensação de vazio e falta. Esse indivíduo, ao formar um vínculo compensatório, delegará para outra pessoa, que lembre algumas características de personalidade da mãe, a função de cuidar (função de mãe). Portanto, ela passa a não se *sentir responsável por cuidar de seus interesses, passa a esperar e até a cobrar que essa outra pessoa assuma essa responsabilidade.* Nesse caso, dizemos que a função delegada foi a de cuidar. Cada vez que essa pessoa tenta cuidar de si mesma, ela mobiliza as vivências registradas e reativa o clima inibidor internalizado com a mãe internalizada, isto é, de hostilidade contra si mesma.

À medida que a pessoa delega a função afetiva, passa a sentir o outro como um complemento de sua própria identidade e estabelece uma relação de dependência em relação a ele. A outra pessoa sente-se responsável por cumprir a função delegada. Mesmo que não complemente o que é esperado, isto é, não cumpra a função delegada, sente-se responsável e, assim, é solicitada e cobrada.

A conseqüência é de angústia para quem foi delegada a função, e de insatisfação e frustração para quem a delegou.

Mesmo que a outra pessoa assuma completamente a responsabilidade pela função delegada, por exemplo, de cuidar, ela nunca vai corresponder plenamente a essa função, pois a própria pessoa não tem registro interno de como é se sentir cuidada pelo outro de forma eficiente e completa. A função que faltou e que acaba se transformando em vínculo compensatório deveria ter sido incorporada, como vimos, na fase inicial do desenvolvimento psicológico. Por não ter sido incorporada, gera a sensação de falta, de vazio, de incompletude (núcleo de carência). Entendemos núcleo de carência não propriamente como carência, mas, sim, como falta da função específica necessária para a estruturação saudável de cada modelo, ficando o registro do não-vivido, que deveria ter sido vivido.

Após a estruturação básica da personalidade, para dar conta de seguir seu desenvolvimento psicológico, a criança necessita de um nível mínimo de tranqüilidade interna, e, para tanto, vai estruturando, de forma inconsciente, dois arranjos psicológicos:

1. Instrumentaliza no POD a sensação de falta. Por exemplo, quando adulta, acredita que está lhe faltando poder, prestígio, dinheiro etc. E, com isso, direciona seu processo de busca para o mundo externo.
2. Exclui do POD as zonas de PCI, e, portanto, a sensação de falta (como foi sentida quando bebê). Essa exclusão é a essência do vínculo compensatório e funciona como mecanismo de defesa.

PSICOPATOLOGIA

Observo que tanto na vida como na terapia as pessoas tendem a estabelecer algum tipo de vínculo compensatório.

Independentemente de buscar complementação de sua identidade em pessoas ou coisas, notamos que esses vínculos de dependência estão sempre a serviço de buscar fora, no outro, a função psicológica que a pessoa não encontra ou não aceita dentro de si mesma.

Comumente, os vínculos compensatórios que mais chamam a atenção são os estruturados dentro das relações amorosas.

Nesse tipo de vinculação existe sempre, de forma inconsciente, uma intensa expectativa de que o outro cumpra a função psicológica delegada. Com o decorrer da relação, isso vai se transformando em foco de frustração permanente. Assim, com o tempo, começam a surgir insatisfações, decepções, sensação de ter sido enganado, sensação de fracasso, e a relação entra numa situação emocional sem saída.

A pessoa que propõe o vínculo compensatório passa a direcionar seu processo de busca, sua expectativa, seu investimento emocional, na tentativa de modificar o outro para que este passe a ser a pessoa que ela acreditava que fosse na fase inicial da relação.

Quanto mais investe sua energia e suas emoções na expectativa de mudança do outro, mais insatisfeita, frustrada e desesperada ela vai ficando, e cada vez mais se coloca numa situação de vida fadada ao fracasso.

Outra forma de tentar aliviar essa sensação de frustração é tentar investir na própria mudança em nível externo, às vezes física ou comportamental. A pessoa passa a acreditar que sua mudança será o agente da tão esperada mudança do parceiro. Mantém, mais uma vez, a ilusão de que o outro passará a corresponder à sua expectativa, assumindo a função psicológica delegada. A conseqüência é que a pessoa se torna queixosa,

PRINCIPAIS PROPOSTAS DE VÍNCULO COMPENSATÓRIO

No Modelo do Ingeridor (relacionado à função de cuidar):

- No cenestésico: projeta o vazio relativo à falta dessa função, registrada durante o desenvolvimento cenestésico desse modelo.
- No psicológico: delega a função de cuidar e, de forma inconsciente, começa a emitir propostas de complementaridade patológica.

A proposta de relação complementar interna patológica no Modelo do Ingeridor pode assim ser expressa: "o outro é responsável por nutrir, acolher, cuidar de mim e dos meus interesses".

No Modelo do Defecador (relacionado à função de proteção, julgamento e avaliação):

- No cenestésico: projeta o vazio relativo à falta dessa função para pessoas, coisas ou ideologias.
- No psicológico: delega a função de avaliação e julgamento.

A proposta de relação complementar interna patológica no Modelo do Defecador pode assim ser enunciada: "o outro é responsável por julgar e avaliar as minhas atitudes".

No Modelo do Urinador (relacionado à função de orientação e condução da vida):

- No cenestésico: projeta o vazio relativo à falta dessa função.
- No psicológico: delega a função de decisão, orientação e condução da vida. A proposta de relação complementar interna patológica para o Modelo do Urinador pode assim ser enunciada: "o outro é responsável por planejar, controlar, decidir, orientar e direcionar minhas escolhas e ações na vida".

A relação de dependência é inquestionável, os questionamentos são sempre direcionados às atitudes do outro, que não correspondem ao desejo, às expectativas ou às necessidades infantis de complementação interna patológica.

Nesse momento, um dos caminhos é procurar ajuda na psicoterapia.

Em terapia, todo discurso é a respeito do que o parceiro não faz, é repleto de críticas e queixas; a pessoa continua investindo na mudança do outro porque, de acordo com suas sensações, a responsabilidade é do outro, e ele não está correspondendo.

Assim, o que leva uma pessoa com essa configuração interna a procurar psicoterapia é a tentativa de compreender por que o parceiro não cumpre as suas expectativas, além de buscar instrumentos para resolver esse impasse.

Toda relação complementar patológica está fadada ao fracasso. Essa situação não leva necessariamente ao rompimento da relação, pelo contrário, a pessoa tende de forma obstinada a manter a relação para manter acesa a ilusão da complementação e não ter de voltar para dentro de si mesma, para suas sensações de vazio e falta excluídas da identidade na fase primitiva do desenvolvimento, para não reativar o núcleo de carência excluído pelos vínculos compensatórios.

Como vimos, o vínculo compensatório é sempre unilateral. Assim, vamos encontrar inúmeras configurações nas relações, por exemplo, numa relação de casamento, um delega a função de cuidar e o outro tenta fechar essa complementação, delegando ao primeiro a função de orientação. Diante das propostas de vínculos compensatórios nas relações da vida, observamos duas possibilidades:

1. O outro tenta cumprir a função delegada.
2. O outro entende racionalmente não ser essa a sua função e, de forma explícita, não cumpre a função delegada.

De qualquer maneira, acontecendo ou não a complementação patológica compensatória, estabelece-se uma relação de guerra: um cobrando, solicitando e exigindo o cumprimento da função, e o outro não correspondendo e, portanto, frustrando.

De meu ponto de vista, essa questão é a causa de inúmeros conflitos nas relações conjugais. Isso porque a pessoa vai buscar no presente alguém com traços de personalidade semelhantes à figura de Mundo Interno responsável pela função psicológica que faltou na fase cenestésica do desenvolvimento.

No caso da neurose, o que liga uma pessoa à outra num primeiro momento é a possibilidade de projetar o vivido para ir em busca do não-vivido, do que faltou, da ilusão de que esse alguém, no presente, poderá cumprir a função que lhe faltou no passado. Como consequência do estabelecimento e da manutenção do vínculo compensatório, as pessoas vivem uma relação de aprisionamento. Nenhum dos dois tem possibilidade de crescer, de continuar seu desenvolvimento psicológico, ou de modificar a relação.

Muitas vezes, na tentativa de resolver esses conflitos, as pessoas confundem o relacionamento com o vínculo compensatório e rompem a relação, quando, na verdade, o caminho saudável seria romper a dependência, isto é, desmontar o vínculo compensatório para depois questionar a relação. Ou, então, rompem a relação exatamente para não mexer no vínculo compensatório. São casais que, embora separados, continuam delegando a função psicológica ao outro e, assim, continuam vinculados, mantendo a complementaridade patológica.

O vínculo compensatório pode também dirigir-se às coisas, como cigarro, bebida, comida, instituições, seitas religiosas, ideologias políticas etc. Nesse caso, sua finalidade igualmente se destina a completar a identidade da pessoa. Por exemplo: o cigarro como vínculo compensatório de Urinador. A pessoa fuma na busca de continência para se sentir segura, para decidir seu projeto de vida ou para orientar suas ações. Ou o alcoólatra, que delega para a bebida a função de cuidado.

A diferença é que, de forma imediata, sente satisfação e, com isso, tende a se iludir, achando que a função específica foi cumprida pelo cigarro ou pela bebida. É uma relação de dependência na qual o grau de controle e segurança é sempre muito maior do que no caso do vínculo compensatório com as pessoas, pois não existe o risco "de a coisa" romper a ligação.

No processo de psicoterapia, quando a pessoa se conscientiza da função delegada, ela começa a romper os vínculos compensatórios na vida e tende a propor o vínculo compensatório na relação terapêutica.

ROMPIMENTO X DESMONTE DO VÍNCULO COMPENSATÓRIO

Entende-se por rompimento do vínculo compensatório quando o outro pólo da dependência deixa de existir, não pela vontade própria da pessoa, mas por uma situação da vida. Por exemplo: morte, separação, demissão do emprego, mudança de cidade, problemas de saúde etc.

Entende-se por desmonte do vínculo compensatório quando a pessoa decide, por vontade própria, interferir nos seus vínculos compensatórios.

Quando ela assume o comando de forma consciente e decide se afastar de seus vínculos. Isso se dá em decorrência do processo de terapia, no momento em que os vínculos de dependência começam a incomodar e a perder o sentido, funcionando como impedimento para a pessoa continuar seu crescimento psicológico.

Durante o processo de terapia podem ocorrer duas situações no que se refere às propostas de relação complementar interna patológica na relação terapêutica: quando o que determina a busca de terapia é o rompimento ou a ameaça de rompimento de vínculo compensatório na vida.

O paciente chega em crise, porque entra em contato com as vivências registradas na 1ª zona de exclusão, sem preparação anterior para poder ancorar essas vivências em sua estrutura psicológica consciente. Diante dessas situações, e de acordo com a intensidade da crise, o terapeuta pode lançar mão de duas formas de procedimento: a) o terapeuta complementa o vínculo compensatório como estratégia terapêutica, objetivando que o paciente volte à fase de acomodamento psicológico sem perder a capacidade de autoquestionamento presente na crise (no decorrer do processo, seguem-se os procedimentos terapêuticos que serão apresentados no próximo capítulo); b) o terapeuta não fecha a complementação patológica, trabalhando para identificar o vínculo compensatório rompido e o fortalecimento da parte sadia para o paciente dar conta de, no decorrer do processo, ir fortalecendo sua parte egóica para desmontar o vínculo compensatório. O que observo é que, na maioria das vezes, o paciente busca terapia por outros sintomas, mas mantém o vínculo compensatório funcionando em sua vida. De início, esse material não é emergente, não é abordável na terapia, porque não é o que determina a procura pela terapia.

O trabalho terapêutico tem início para promover autoquestionamento e encaminhar a terapia para a fase das divisões internas.

Numa determinada fase do processo, observo a tendência muito forte por parte do paciente em estabelecer vínculo compensatório com o terapeuta. É exatamente a fase em que o paciente está consciente da dependência na vida, consciente da função delegada, e começa a sentir necessidade de romper com esse vínculo. O que pode acontecer é o paciente romper os vínculos compensatórios na vida, mas não desmontar o mecanismo compensatório e começar a deslocar a proposta de relação para o terapeuta.

Podemos entender esse fenômeno como fator de evolução do processo de terapia. É indício de que essa terapia está na direção correta. A questão principal é como diagnosticar e manejar essa situação. O diagnóstico é difícil porque é uma fase em que, na verdade, o paciente está mais potente na vida, resolvendo seus vínculos de forma aparentemente segura, com autonomia. Embora o paciente esteja melhorando na vida, a sensação do terapeuta é de que a terapia não evolui. O terapeuta começa a sentir um grande peso, uma enorme responsabilidade em relação ao rumo que o paciente está tomando na vida. *É uma fase em que o paciente sente-se menos angustiado na vida, sai muito aliviado da sessão e a angústia passa toda para o terapeuta.* É comum o terapeuta pensar: "Por que será que esse paciente não interrompe a terapia?" Começa a questionar seu trabalho e a querer encaminhar o paciente para outro terapeuta. Ao mesmo tempo, observa seu paciente mudando na vida, tomando atitudes diferentes, rompendo seus vínculos de dependência.

A sensação do terapeuta é de completa impotência para resolver um problema que na verdade não é seu, mas sim do seu paciente.

O que ocorre de mais desproporcional é que, apesar da sensação de impotência e da angústia do terapeuta, o paciente não falta às sessões e não dá o menor indício de querer parar com a psicoterapia.

O diagnóstico dessa complexa situação é que o paciente está rompendo os vínculos compensatórios na vida e se sente melhor, mas não está desmontando o mecanismo compensatório. Rompe o vínculo na vida, mas transfere a função delegada para o terapeuta. Assim, evita entrar em contato com a angústia do desmonte do vínculo compensatório.

Uma vez detectada essa situação, cabe ao terapeuta trabalhar para devolver ao paciente a responsabilidade da função delegada, assim como toda a angústia correspondente. Nesse momento, inicia-se o processo de desmonte do vínculo compensatório. Com freqüência, só se consegue manejar essas situações lançando mão de técnicas específicas. No manejo verbal isso é muito difícil, porque o paciente resiste e se recusa a aceitar de volta o que foi delegado ao terapeuta e a entrar em contato novamente com seu desespero e sua sensação de vazio.

Em longo prazo, essa situação é sempre danosa para o terapeuta e para seu paciente. O terapeuta carrega um peso, uma angústia que não é sua, e o paciente vai, no decorrer do processo, se sentindo cada vez mais insatisfeito, mais dependente do vínculo compensatório com o terapeuta.

O processo de desmonte do vínculo compensatório é gradativo. *Só a pessoa que emite ou que propõe o vínculo é que pode desmontar esse mecanismo.* Não adianta a outra pessoa se recusar a fechar a complementaridade porque mesmo assim a pessoa continua delegando a função, cobrando e solicitando de diferentes formas que o outro se responsabilize. Isso se inicia a partir de determinada fase da terapia, num nível egóico, com a conscientização e a identificação da função delegada, e, quando ocorre, a pessoa começa a tentar assumir a função. Por exemplo: o ato de se autocuidar acarreta sempre uma sensação de medo, insegurança e desproteção porque, ao assumir essa função, a pessoa entra em contato com o clima inibidor incorporado na fase de desenvolvimento cenestésico, aqui, Modelo do Ingeridor. A pessoa passa a se cuidar na vida segundo o modelo introjetado e com o correspondente clima. Ao deparar com a forma como a função foi cumprida, ocorre desbloqueio do afeto reprimido, o que suscita fortes emoções de raiva, revolta, acusação e queixa do paciente em relação à Figura de Mundo Interno. Esse caminhar do processo leva o paciente a entrar em contato com o afeto não recebido, o que suscita basicamente sensação de tristeza, depressão, apatia e melancolia.

É o momento em que o paciente aceita que, por exemplo, a função de decisão e orientação de suas atitudes na vida é sua, mas não encontra recursos internos para assumi-la como precisaria ou gostaria. É diferente, com certeza, de como essa função foi cumprida no passado, na fase de estruturação desse modelo.

Como vimos, esse é sempre um momento de impasse e o paciente pode utilizar os seguintes recursos:

- Refazer o vínculo compensatório que estava sendo desmobilizado.
- Substituí-lo por um novo vínculo compensatório na vida, com outra pessoa.
- Substituí-lo por um vínculo compensatório dirigido a alguma coisa: comida, bebida, cigarro etc.
- Substituí-lo por um vínculo compensatório com o terapeuta.
- Continuar o processo de desmonte do vínculo compensatório.

O processo de desmonte do vínculo compensatório segue em frente quando a pessoa assume totalmente a responsabilidade pela função delegada. Começa a entrar em contato com as vivências registradas na 1ª zona de exclusão do psiquismo e, portanto, com o núcleo de carência e com o correspondente clima inibidor.

Essas vivências são muito intensas, levam à sensação de morte, angústia, desamparo. A pessoa parece não ter recursos emocionais para suportar e tem a sensação de que vai morrer por falta de cuidado, proteção e orientação. Na verdade, ela está mesmo vivendo uma situação de morte, ainda que não concreta: morte da ilusão de que um dia alguém possa preencher de forma suficiente e completa suas sensações de falta. Ela está em contato profundo com o não-vivido, com o que faltou, e com a consciência de que não terá nunca mais. Todas as vivências que surgem nessa fase são fundamentalmente cenestésicas. A pessoa vive uma condição emocional muito difícil, porque começa a ter sensações de um bebê ou de uma criança de no máximo 3 anos e, ao mesmo tempo, precisa dar conta das responsabilidades de um adulto. A imagem seria a de um bebê, solicitado a atender às demandas profissionais, pessoais, familiares e sociais.

É um momento em que a pessoa se lança para o vazio, para o seu vazio interno; a sensação da zona de PCI é só de falta. Portanto, a grande angústia é ficar a sós consigo mesma. O único recurso para lidar com a eminente sensação de morte e desamparo é ancorar-se em sua parte sadia (Conceito de Identidade) e na estrutura psicológica do terapeuta. A tentativa de refazer o vínculo compensatório na vida não funciona mais com a mesma eficiência anterior. É claro que, quando a pessoa está em processo de terapia, inúmeras dinâmicas emocionais já foram trabalhadas e a pessoa pode contar com a própria autocontinência para suportar essas sensações e começar a desenvolver recursos para assumir a função delegada de forma, a princípio, possível, e, mais tarde, suficiente.

Resumindo: o desmonte de vínculo compensatório leva diretamente ao contato com o núcleo de carência e com o correspondente clima inibidor. Traz como conseqüência a sensação de medo, desorganização da identidade, perda da noção do esquema corporal, desespero, apatia, dor decorrente de intensa desproteção, de morte.

A vivência mais intensa de rompimento do vínculo compensatório é de morte, sensação da própria morte ou de angústia ligada à morte da outra pessoa envolvida na relação complementar de dependência patológica.

PROCEDIMENTO TERAPÊUTICO

Todo processo de terapia funciona como preparação para, em uma determinada fase, o paciente entrar em contato com a necessidade de desmontar o vínculo compensatório se quiser continuar seu desenvolvimento psicológico.

De acordo com a sistematização da pesquisa intrapsíquica, a fase do desmonte do vínculo compensatório é a etapa final do processo.

Durante as fases iniciais da terapia, o procedimento terapêutico é fazer o diagnóstico do tipo de vinculação, clarear a dependência e identificar a função delegada (cuidado, proteção ou orientação).

Quem desmonta o vínculo compensatório é sempre o paciente, e ele deve estar de acordo em tentar desmontá-lo tanto na vida como na terapia.

Uma vez feito o diagnóstico, clareada e identificada a função delegada, o paciente precisa querer e se propor a fazer o esforço necessário para assumir a responsabilidade da função delegada.

Geralmente, nesse momento do processo, ele entra em conflito. Começa a ter noção de que precisa desmontar o vínculo compensatório; por um lado, tem vontade de sair da dependência, por outro, continua desejando manter esse vínculo.

É estabelecida no paciente uma forte luta entre vontade (ego) e dependência. Para desmontar o vínculo compensatório, ele precisa mobilizar seus recursos de parte saudável; seu dilema é: "preciso, mas não quero".

Observo, na maioria dos casos, que a saída que eles encontram como tentativa de resolver esse conflito é romper a aliança terapêutica e mobilizar defesa consciente no *setting* terapêutico. O que caracteriza essa defesa é que o paciente, consciente ou parcialmente consciente, tende a boicotar ou suprimir determinados temas que poderiam oficializar a necessidade de mudanças tanto internas como externas. Ele continua trazendo material terapêutico, trabalha outras dinâmicas, mas evita sistematicamente o material carregado com angústia que, na sua intuição, poderia desencadear desmobilização do vínculo compensatório. O paciente intui que ocorrerão modificações muito profundas em sua vida. A sensação preponderante é de intenso medo de modificar seu projeto de vida. Num nível mais profundo, o paciente intui isso e fica adiando a tomada de decisão.

A conseqüência é que a terapia passa a não ser produtiva. Os temas trabalhados caem no vazio, e o terapeuta fica perdido porque perde a seqüência produtiva do material terapêutico.

A mobilização de defesa consciente no *setting* terapêutico sempre precede o desmonte do vínculo compensatório.

O procedimento terapêutico para manejar defesa consciente é basicamente de evidenciar e denunciar essa situação e avaliar com o paciente os riscos e as vantagens dessas mudanças. É o paciente, e somente ele, que, de forma consciente, decidirá por assumir ou não os riscos decorrentes da continuidade da terapia.

Uma vez clareada a defesa consciente e feito um novo contrato para refazer a aliança terapêutica, a técnica é propiciar ao paciente que ele comece a formular para si mesmo as propostas que normalmente espera do outro.

Começar o exercício de gradativamente ir assumindo as funções delegadas, ainda que de início de forma precária ou insuficiente. Essa técnica faz que o paciente entre em contato com o fato de que ele tem recursos internos, por exemplo, para se autocuidar, e que, portanto, pode ter autonomia em relação a si.

Muitas vezes a identificação da função delegada acontece na fase inicial do processo. A preparação para a tomada de decisão do paciente em desmontar o vínculo compensatório dura anos de terapia. Essa preparação, na verdade, é todo o procedimento terapêutico utilizado no manejo das dinâmicas psicológicas.

Para a preparação específica nessa fase da terapia, em que o paciente está na eminência da tomada de decisão para desmontar o vínculo compensatório, utilizamos como procedimento terapêutico:

- Técnica do espelho que reflete.
- Espelho acoplado com duplo.
- Espelho acoplado com interpolação de resistência.
- Psicodrama interno.
- Sensibilização corporal.
- Trabalho com sonhos.

Durante os anos de terapia, o paciente começa a entrar em contato com o clima inibidor e com sensações de falta (núcleo de carência). O que mantém o vínculo compensatório é a ilusão de que a outra pessoa, depositária da expectativa, cumprirá a função psicológica. À medida que o paciente vai se conscientizando, e principalmente exercitando sua competência ou a capacidade para assumir a função delegada, vai desistindo de esperar do outro. Essa desistência é uma sensação interna profunda, acompanhada de forte desilusão.

O paciente desiste quando perde totalmente a ilusão de que alguém no mundo pode suprir suas faltas. Muitas vezes, o fato desencadeador para a perda de ilusão vem num sonho, num *insight* ou numa vivência de psicodrama interno.

No momento em que desiste, que vive o processo de desilusão, o paciente entra em contato direto com as vivências da 1ª zona de exclusão, com o núcleo de carência, com a sensação de vazio, incompletude e falta. A conseqüência é entrar em depressão profunda, porque está revivenciando o clima inibidor que ficou impresso na fase cenestésica do desenvolvimento.

Nessa fase, o mais terapêutico para o paciente é poder vivenciar as sensações do clima inibidor em toda a sua intensidade. O paciente fica muito dependente da compreensão do terapeuta e muito amparado em sua estrutura psicológica.

O procedimento terapêutico fundamental é dar continência ao paciente, ajudando-o a conviver com essas sensações primitivas e elaborando as inúmeras lembranças desorganizadas que lhe vêm à tona, tranqüilizá-lo, compreendê-lo, pois o que ele está vivendo é conseqüência da desmobilização do vínculo compensatório.

Esse estado melancólico vem acompanhado de intenso medo de estar a sós com todas essas sensações mobilizadas.

A compreensão do processo, o fato de o terapeuta estar localizado na dinâmica desse paciente e a capacidade emocional de continência do terapeuta são fundamentais. Se o terapeuta se sentir perdido ou entrar em pânico, estará retirando a rede de sustentação e deixando o paciente completamente sozinho no momento em que ele mais precisa. Na vida, dificilmente alguém consegue compreender e ser continente para tranqüilizar quem está vivendo esse momento. Ao contrário, mesmo que bem-intencionadas, as pessoas tendem a entrar em desespero.

O paciente, durante essa fase de desmobilização do vínculo compensatório, tem momentos de "loucura", como se vivesse duas vidas. *Na sensação, é um bebê totalmente desamparado. No comportamento, um adulto que consegue, até que de forma eficiente, dar conta de tocar sua vida.*

Essas sensações do clima inibidor vêm em ondas e vão se atenuando até passar.

Em alguns momentos, a pessoa está em contato profundo com o núcleo de carência; em outros, consegue sair, trabalhar, cumprir suas funções na vida adulta, para novamente entrar nesse estado de depressão.

Às vezes, quando essa depressão é muito profunda, é indicado o uso de medicação como recurso terapêutico auxiliar.

Portanto, utilizamos como procedimentos terapêuticos:

- Medicação, se necessária.
- Continência do terapeuta.
- Técnica de espelho duplo.
- Inversão de papel.

É uma fase em que o paciente pode inverter o papel, e não mais somente tomar o papel do outro. A técnica de inversão é bastante utilizada nesse momento para auxiliar o paciente a continuar desmontando os dogmas, os mitos familiares, as ilusões, e entrar em contato com a realidade de que as pessoas falharam porque não tinham condições emocionais para cumprir eficientemente a função específica para cada fase de seu desenvolvimento, ou porque simplesmente não tinham disponibilidade afetiva.

A sensação do paciente é de que essa é uma vivência sem saída, de morte, de loucura.

O terapeuta experiente sabe, por vivência pessoal, que, com o tempo, essas sensações passam. E, ao passar, darão lugar a uma sensação boa de segurança, completude, liberdade e tranqüilidade internas.

A Angústia Patológica deixa de estar presente como conseqüência da catarse de integração. Nesse momento, significa, teoricamente, que o paciente integrou a 1ª zona excluída do psiquismo e compensada pelo vínculo compensatório durante todo o processo. A terapia passa a funcionar como desenvolvimento patológico.

A Catarse de Integração é a integração da zona de PCI, que estava excluída do psiquismo e tamponada pelo vínculo compensatório.

Considerações finais

Para concluir, pretendo deixar um alerta, relativo à importância fundamental que o terapeuta desenvolve no decorrer de sua experiência clínica, uma visão clara, independente da linha em que atua, sobre desenvolvimento, psicopatologia e psicoterapia.

A terapia, na visão apresentada neste livro (Análise Psicodramática), tem como objetivos finais a catarse de integração, o resgate e a integração das Zonas de Psiquismo Caótico e Indiferenciado na identidade do paciente, mudanças notórias em seu projeto de vida, e o resgate, numa linguagem moreniana, de sua espontaneidade e criatividade.

A inclusão de uma zona de PCI referente ao modelo mais comprometido ou, de acordo com a necessidade interna do paciente, a integração das três zonas de PCI – Ingeridor, Defecador, Urinador – é tomada como base para critério de alta em psicoterapia.

Se o terapeuta não tem uma sistematização dos passos de uma terapia nem clareza do objetivo final, não consegue organizar e decodificar o material trazido de forma aleatória e desorganizada pelo paciente e a terapia não evolui.

Como conseqüência, em virtude da falta de embasamento teórico, da dificuldade na escolha dos procedimentos terapêuticos adequados ou da falta de continência do terapeuta, a terapia se torna um processo pouco sistematizado, em que nem terapeuta nem paciente sabem aonde precisam chegar. A terapia fica dando voltas, torna-se repetitiva, emperra na fase inicial, quando o paciente começa a mobilizar expectativas de complementação patológica no *setting* terapêutico.

Embora a decisão de desmontar o vínculo compensatório na vida ou na terapia seja totalmente do paciente, é de inteira responsabilidade do terapeuta o direcionamento do processo.

Quero ressaltar que a responsabilidade do terapeuta está em organizar o material terapêutico de tal forma que a terapia se aprofunde até o momento em que o paciente começa a sentir necessidade de interferir nos vínculos compensatórios.

Uma terapia eficiente não é necessariamente aquela em que o paciente consegue desmontar vínculos compensatórios, mas, sim, aquela em que, mesmo que o paciente interrompa o processo nessa fase, saia localizado e com recursos internos para retomar seu processo no momento em que sentir vontade ou necessidade.

A dificuldade de sistematização teórica, de escolha dos procedimentos técnicos e do estabelecimento e manutenção do clima terapêutico por parte do terapeuta invalida o processo de terapia e deve ser motivo para ele se autoquestionar. Esses aspectos, na minha visão, são de inteira responsabilidade do terapeuta.

Para concluir, quero responder a uma pergunta que sempre costumo ouvir dos alunos quando falo sobre vínculo compensatório: "Não faz parte do papel do terapeuta orientar, proteger ou responder aos questionamentos do paciente durante o processo de terapia? Ao fazer isso estamos sempre complementando de forma patológica?"

Essa questão aborda o tema da postura do terapeuta diante da angústia do seu paciente.

Entendo que diante da angústia circunstancial e existencial cabe ao terapeuta assumir atitudes de orientar, proteger ou cuidar de seu paciente. Essa postura não significa complementação patológica, porque estamos trabalhando com conteúdo de mundo externo, universo relacional e tempo presente. O manejo principal é voltado para o lado adulto do paciente, para o fortalecimento da parte sadia e da reorganização do projeto de vida.

Apresento como postura não assumir as funções delegadas quando estamos trabalhando no universo relativo a mundo interno ou mundo interno projetado no relacional, portanto, com vivências de tempo passado presentificado, o que caracteriza Angústia Patológica.

Entendo que o terapeuta, diante da Angústia Patológica, é responsável por orientar o lado adulto de seu paciente para que este oriente a parte infantil. Exemplificando: o terapeuta é responsável por acolher a parte adulta, para essa parte cuidar, acolher ou nutrir a parte infantil e ir desenvolvendo essa função no presente.

Se o terapeuta orienta, protege ou cuida da parte infantil do paciente, entra na complementação patológica, quer dizer, fecha o vínculo compensatório proposto por ele e, dessa forma, isenta o paciente de se responsabilizar no presente por si mesmo.

A resolução do vínculo compensatório só é possível na relação Eu-Eu.

Quando, no presente, a pessoa se torna livre para interferir no passado presentificado, é, portanto, livre, espontânea e criativa para construir seu projeto de vida futuro.

3. Psicodinâmica do esquizóide: etiologia, psicopatologia e psicoterapia

LOCALIZAÇÃO DO ESQUIZÓIDE NA PSICOPATOLOGIA GERAL

No estudo da psicopatologia encontramos, em diversas abordagens, visões semelhantes e divergentes, de acordo com o referencial básico utilizado para a compreensão do desenvolvimento psicológico normal e patológico.

A questão principal é epistemológica, em relação à metodologia de pesquisa utilizada pelas diversas abordagens para estabelecer seus critérios diagnósticos.

As duas principais referências nesse campo ainda são a psicopatologia psiquiátrica e a psicopatologia psicanalítica. Ambas apresentam metodologia bastante clara e definida.

A psiquiatria direciona sua pesquisa para a busca da elucidação dos fatores orgânicos responsáveis pelos sintomas

VICTOR R. C. S. DIAS - VIRGÍNIA DE ARAÚJO SILVA

psíquicos. E, a partir dessa metodologia, desenvolve uma psicopatologia baseada na descrição dos sintomas.

A psicanálise utiliza o método regressivo e direciona sua pesquisa para a investigação do inconsciente, para compreender a ligação dos conflitos psíquicos atuais com as fases do desenvolvimento primitivo infantil. E, com base nessa metodologia, apresenta uma psicopatologia fundamentada nas representações dinâmicas de mundo interno.

Mesmo com divergências teóricas quanto ao diagnóstico e à compreensão psicodinâmica das patologias, algumas delas irreconciliáveis quanto à terapêutica, ainda podemos encontrar certo consenso quando se trata das estruturas psicológicas de bases neurótica e psicótica.

Na psicopatologia, quando tentamos compreender outros quadros, como a personalidade esquizóide, por exemplo, a confusão é ainda maior. A tendência da psicopatologia psiquiátrica atual é denominar esses quadros de Transtornos de Personalidade.

A classificação de Transtornos Mentais e de Comportamento da CID-10 apresenta, com base na descrição dos principais sintomas, diversos quadros patológicos nessa categoria, entre eles: Transtorno de Personalidade Esquizotípica e Transtorno de Personalidade Esquizóide (CID-10, 1993, p. 33-199).

Essa referência descreve os seguintes sintomas ao abordar o tema do Transtorno de Personalidade Esquizóide:

- Poucas atividades produzem prazer.
- Frieza emocional, afetividade distanciada ou embotada.
- Indiferença aparente a elogios ou críticas.
- Pouco interesse em ter experiências sexuais com outras pessoas.

- Preferência quase invariável por atividades solitárias.
- Preocupação excessiva com fantasia e introspecção.

Kaplan, no *Compêndio de psiquiatria*, também chama esse quadro de Transtorno de Personalidade Esquizóide e apresenta a seguinte definição:

> O Transtorno de Personalidade Esquizóide é diagnosticado em pacientes que exibem um padrão vitalício de retraimento social. Seu desconforto com o convívio humano, sua introversão e afeto brando são dignos de nota. Os indivíduos com Transtorno de Personalidade Esquizóide são vistos pelos outros como excêntricos, isolados ou solitários. (Kaplan, Grebb e Sadock, 1977, p. 690)

Do ponto de vista teórico, esse autor estabelece um diagnóstico diferencial entre a personalidade esquizotípica e a esquizóide. Defende a posição de que o indivíduo que apresenta Transtorno de Personalidade Esquizotípica assemelha-se mais ao esquizofrênico em suas percepções e comunicação extravagantes.

Nessa patologia, observa-se uma perturbação do pensamento e da comunicação. Pensamento mágico, idéias de referência, ilusões e "desrealização" fazem parte de seu mundo cotidiano.

Os indivíduos com Transtorno de Personalidade Esquizóide "apresentam um discurso objetivo, tendem a dar respostas curtas às perguntas, a evitar a conversação espontânea e, raramente, toleram o contato visual direto. Sob o desinteresse podemos reconhecer o medo" (Kaplan, Grebb e Sadock, 1977, p. 690-1).

Em relação ao prognóstico, o autor afirma que a proporção de pacientes esquizóides que evoluem para a esquizofrenia é desconhecida.

A psicopatologia psicanalítica localiza o esquizóide como "Casos Fronteiriços" (*Borderline Cases*) e trata o tema abordando sua evolução para a psicose. Entende o esquizóide como um esquizofrênico em potencial.

Otto Fenichel, no livro *Teoria psicanalítica das neuroses*, ao abordar a patologia do esquizóide, utiliza a terminologia Caracteres Esquizóides e assim os define:

> Aqueles que, sem ter uma psicose verdadeira, mostram, no entanto, traços ou mecanismos singulares do tipo esquizofrênico, têm sido chamados de esquizóides. Pessoas que podemos chamar de esquizofrênicas potenciais, quer dizer, ainda não romperam com a realidade, mas em condições desfavoráveis de vida, podem evoluir para a psicose. Ou pessoas que canalizam a sua disposição esquizofrênica, por assim dizer: excêntricos que são loucos em certa área mais ou menos circunscrita, quanto ao mais conservando o contato normal com a realidade. (Fenichel, 2000, p. 412)

Gabbard, no livro *Psiquiatria psicodinâmica*, apresenta compreensão semelhante à dos dois autores citados. Argumenta que a decisão de separar os Transtornos de Personalidade Esquizóide e Esquizotípica teve como base estudos genéticos que sugeriram a personalidade esquizotípica como versão silenciosa da esquizofrenia, caracterizada por:

> [...] teste de realidade maior, ou mesmo intacto, dificuldade de relacionamento e distúrbios leves de pensamento. As três

PSICOPATOLOGIA E PSICODINÂMICA NA ANÁLISE PSICODRAMÁTICA - VOL. II

características-chave presentes no Transtorno de Personalidade Esquizotípica – pensamento mágico, desconfiança ou ideação paranóide e isolamento social – são consideradas como preditivas para a esquizofrenia num seguimento a longo prazo. (Gabbard, 1998, p. 286-7)

Gunderson assinalou que:

[...] na realidade, os pacientes esquizóides e esquizotípicos formam um *continuum*, de forma que é algo arbitrário estabelecer uma linha divisória entre as duas entidades. Os próprios pacientes esquizotípicos formam um *continuum*, desde aqueles num extremo, que são mais semelhantes aos pacientes esquizóides (exceto por poucas excentricidades a mais na conduta e comunicação), até aqueles próximos da esquizofrenia e que apresentam tendência a breves episódios psicóticos. (Gunderson, *apud* Gabbard, 1998, p. 287)

Laing, no livro O *eu dividido*, apresenta um estudo de pessoas esquizóides e esquizofrênicas com base na posição fenomenológica-existencial.

[...] O termo "Esquizóide" refere-se ao indivíduo que apresenta uma ruptura em seu relacionamento com o mundo e uma ruptura na relação consigo mesmo. Tal pessoa é incapaz de sentir-se "junto com" os outros ou à vontade no mundo. Pelo contrário, experimenta uma desesperada solidão e isolamento. (Laing, 1973, p. 15)

Em relação à psicopatologia, ao descrever um processo de enlouquecimento, Laing (1973) argumenta que existe uma

133

compreensível transição entre a maneira esquizóide sadia de estar-no-mundo e a maneira psicótica de estar-no-mundo.

Portanto, com base no método fenomenológico-existencial, Laing conserva o termo esquizóide para designar a posição sadia e esquizofrênica para a posição psicótica. Lowen, terapeuta de abordagem bioenergética, localiza o esquizóide num território intermediário entre a neurose e a esquizofrenia (Lowen, 1979, p. 32).

Saúde Emocional		Enfermidade Emocional	
Normal	Neuroses	Esquizóide	Esquizofrênico

Os terapeutas da bioenergética, principalmente Pierrakos e Lowen, cunharam o termo Caráter Esquizóide para designar esse quadro. Em relação à psicopatologia, Lowen entende que a distinção entre as estruturas de "Caráter Esquizóide e Esquizofrênico é uma questão de grau" (Lowen, 1977, p. 321), posição com a qual, na Análise Psicodramática, não concordamos. Defendemos que a compreensão psicodinâmica da condição esquizóide e esquizotípica é semelhante, em graus diferentes, mas a esquizofrenia apresenta etiologia e psicodinâmica próprias, estruturadas em bases diferentes.

Enquanto a abordagem terapêutica dos Transtornos Esquizóides e Esquizotípicos tem pontos em comum, a terapêutica dos casos de esquizofrenia apresenta manejo totalmente diferente.

E o psicodrama?

Moreno, por diversas razões, não trata, em sua obra, dos temas referentes à psicopatologia, nem mesmo da psicodinâmica de mundo interno.

E, mesmo dentro da vasta literatura psicodramática atual, pouco se encontra escrito, de forma sistematizada, sobre o Transtorno de Personalidade Esquizóide.

Encontro ressonância nos escritos dos terapeutas Victor Dias e Rosa Cukier, pois ambos têm uma preocupação em desenvolver o tema da psicopatologia dentro da abordagem psicodramática.

Rosa Cukier muito contribuiu para o psicodrama ao aprofundar o estudo dos distúrbios narcísicos de personalidade e da psicodinâmica do *borderline*, como também ao desenvolver um método de tratamento em psicoterapia psicodramática, ao qual chama de Psicodrama com Cenas Regressivas.

Victor Dias apresenta importante contribuição ao psicodrama, ao desenvolver uma teoria sobre desenvolvimento, psicopatologia e psicodinâmica, abordando os quadros neuróticos, o esquizóide, os distúrbios de identade, os distúrbios funcionais, além de apresentar metodologia clínica, à qual chama de Análise Psicodramática.

A principal referência teórica que utilizo neste livro baseia-se na psicopatologia psicodinâmica desenvolvida pela Escola de Análise Psicodramática.

O ESQUIZÓIDE NA ANÁLISE PSICODRAMÁTICA

A Teoria da Análise Psicodramática reconhece dois períodos distintos do desenvolvimento do psiquismo: fase cenestésica e fase psicológica. Apresenta uma psicopatologia psicodinâmica correlacionada com esses dois períodos e, portanto, também dividida em duas partes: psicopatologia estrutural dos modelos e psicopatologia das defesas psíquicas.

VICTOR R. C. S. DIAS - VIRGÍNIA DE ARAÚJO SILVA

Fase cenestésica: abrange as vivências intra-uterinas e pós-nascimento até os 2 anos de idade. A patologia estrutural está fundamentada nas falhas estruturais do desenvolvimento cenestésico decorrentes da presença de climas psicológicos inibidores e é compreendida como a parte patológica propriamente dita, que diz respeito à patologia estrutural dos modelos:

- Modelo da Interação Mãe–Feto.
- Modelo do Ingeridor (0 até três meses).
- Modelo do Defecador (de 3 até 8 meses).
- Modelo do Urinador (de 8 meses até 2 anos).

Fase psicológica: abrange o período dos 2 anos de idade até o final da adolescência.

Essa fase inclui o desenvolvimento psicológico dos modelos, as vivências de triangulação e a formação da identidade sexual. A patologia decorrente dessa fase diz respeito à psicodinâmica dos modelos psicológicos e à psicodinâmica das defesas psíquicas.

Os vários sistemas de defesa utilizados pelo psiquismo apresentam sempre a mesma função primordial de sobrevivência emocional, proteção, e de possibilitar a interação psicológica.

Na Análise Psicodramática identificam-se como sistemas de defesa, no caso das neuroses:

- Defesas egóicas.
- Defesas conscientes.
- Defesas intrapsíquicas.
- Defesas dissociativas.

- Divisões internas externalizadas.
- Vínculos compensatórios.
- Distúrbios funcionais.

A psicopatologia específica do esquizóide segue essa referência da Análise Psicodramática e é também subdividida em duas partes distintas:

1. Patologia estrutural do esquizóide
- Corresponde às vivências intra-útero, vivências de nascimento e primeiras semanas de vida do bebê, modelo de interação mãe–feto.
2. Sistemas de defesa esquizóide
- Sistema de personagens.
- Coisificação (petrificação).
- Robotização.
- Mecanismo de cisão.
- Mecanismo contrafóbico.

Resumo	
Fase cenestésica	Fase psicológica
Patologia estrutural	Patologia das defesas
Modelo da Interação – Mãe–Feto Mãe–Bebê	Defesas Mecanismo de Cisão Esquizóides Sistema de Personagens Coisificação (Petrificação) Robotização Mecanismo Contrafóbico
Modelo do Ingeridor	Histérico/Conversivo Fóbico e Contrafóbico
Modelo do Defecador	Idéia Depressiva Atuação Psicopática
Modelo do Urinador	Idéia Obsessiva Atos Compulsivos

Na Análise Psicodramática, também entendemos que o esquizóide pode apresentar níveis variáveis de gravidade.

Em relação à psicopatologia, estabelecemos um diagnóstico diferencial entre o Transtorno de Personalidade Esquizóide (estrutura esquizóide) e o que denominamos Núcleo Esquizóide, que muitas vezes se manifesta em maior ou menor intensidade nos quadros neuróticos.

Com base em observações clínicas, notamos, com freqüência significativa, o paciente que apresenta uma estrutura esquizóide sustentada no plano psicológico por sistemas de defesa neuróticos, principalmente por algum tipo de defesa intrapsíquica. Por exemplo: o paciente de estrutura esquizóide que apresenta defesa obsessiva-compulsiva, defesa fóbica ou conversiva mobilizada no intrapsíquico e externalizada ou não no campo relacional.

Nesse sentido, preocupamo-nos em estabelecer diagnóstico diferencial entre as várias formas de manifestação da patologia esquizóide:

1. Paciente que apresenta estrutura esquizóide e mecanismos de defesa específicos dessa patologia (seria o caso denominado na psicopatologia psiquiátrica Transtorno de Personalidade Esquizóide).
2. Paciente que apresenta estrutura esquizóide e mecanismos patogênicos do tipo neurótico, ou seja, defesas intrapsíquicas específicas dos quadros neuróticos.
3. Paciente que apresenta estrutura neurótica e mobiliza conteúdos de natureza esquizóide – núcleo esquizóide.
4. Paciente que apresenta estrutura esquizóide e mecanismos patogênicos do tipo esquizofrênico. Mais suscetível a episódios de surto psicótico.

No trabalho clínico, esse diagnóstico diferencial é fundamental para localizar o terapeuta em relação às estratégias terapêuticas utilizadas para o tratamento. Por exemplo: na terapia podemos utilizar um procedimento terapêutico para desmobilizar uma defesa de idéia obsessiva e, com esse procedimento, lançar o paciente em direção à sua patologia estrutural esquizóide.

Baseados, ainda, em observações clínicas, notamos, com freqüência, que o paciente que apresenta uma patologia de base neurótica, em algum momento do processo tende a mobilizar conteúdos relativos ao seu núcleo esquizóide e a estruturar defesas esquizóides específicas, como a montagem de um personagem ou a defesa de petrificação.

Nas instituições e em consultórios psiquiátricos encontramos, como Laing descreve, uma porcentagem maior de pacientes com estrutura esquizóide que apresentam mecanismos patogênicos do tipo esquizofrênico e tendem a evoluir para a psicose. Essa não é a minha experiência clínica, pelo fato, talvez, de ser terapeuta com formação em psicologia.

Quero ressaltar que, no decorrer desses muitos anos de clínica, tenho atendido o paciente de base neurótica com núcleo esquizóide mobilizado e o paciente que apresenta estrutura esquizóide compensada pelos sistemas de defesa esquizóide ou compensada por defesas neuróticas.

Com base nessa experiência, desenvolvi meus estudos teóricos e principalmente minhas observações clínicas sobre o paciente esquizóide. É nesse sentido que direciono este livro nos próximos capítulos.

UMA POSSÍVEL ETIOLOGIA

Na Análise Psicodramática, formulamos a hipótese de que a possível etiologia da patologia esquizóide diz respeito às vivências intra-uterinas.

É consenso entre algumas teorias que se preocupam em estudar a gênese de diversas psicopatologias a posição de que não podemos desconsiderar o fato de distúrbios ocorridos no período intra-uterino comprometerem o desenvolvimento posterior da personalidade do indivíduo.

Sabemos que o psiquismo de um bebê não se inicia na época de seu nascimento. Inúmeros estudos da vida intrauterina vêm se desenvolvendo nos últimos anos e formulam hipóteses de uma matrização perinatal. Entre eles, no aspecto científico, destaco as recentes pesquisas realizadas no campo das neurociências.

O feto pode ser observado por modernos métodos de ultra-sonografia e pelo ritmo cardíaco analisado, atualmente, por computador.

A cientista doutora Busnel considera que o ritmo cardíaco é um excelente elemento de demonstração das reações do feto. Usando esse método, ela pesquisa os efeitos do estresse materno sobre ele e o recém-nascido. Do ponto de vista fisiológico, demonstra que o estresse materno produz alguns efeitos imediatos sobre o feto, como interrupção da respiração e dos movimentos, endurecimento da artéria umbilical, causando, portanto, redução na irrigação da placenta. O estresse também produz efeitos em médio prazo, como redução de peso, redução Apgar ao nascer e riscos de parto prematuro. E, ainda, efeitos em longo prazo sobre o bebê, como diminuição da resistência ao estresse, maior hiperatividade, assustam-se mais, choram mais, têm mais distúrbios digestivos, apresentam mais problemas de sono e, de modo geral, um aumento de comportamento considerado difícil pelas mães (Busnel, 2002, p. 69-70).

Em outra linha de pesquisa, descreve também experimentos científicos que comprovam a sensorialidade do feto. Argumenta que as capacidades sensoriais do feto ajudam e até permitem as relações entre a mãe e o seu bebê. Ressalta o fato de que há uma continuidade experiencial entre as fases de pré e pós-natal.

Os experimentos mostram, por exemplo, que, a partir da sétima semana de gestação, aparecem o olfato e o paladar. E comprovam que ocorre uma continuidade de gosto e cheiro entre o líquido amniótico e o colostro e, depois, o leite.

Em relação à visão, suas pesquisas demonstram que o recém-nascido já tem todo um desempenho visual. Enxerga perfeitamente a distância entre ele e sua mãe quando ela o pega no colo, o que corresponde a mais ou menos 40 cm. Além dessa distância, diz a cientista, o bebê enxerga um pouco embaçado, mas ainda enxerga: "Com apenas 12 horas de vida, o bebê reconhece sua mãe mesmo que em uma simples fotografia". Não é surpreendente essa afirmação?

Nos textos da doutora Busnel chama-nos a atenção sua rigorosa postura científica baseada em dados experimentais e de observação. Com rigor, ela conclui que "o feto é um ser sensível que sente e reage a estimulações vindas do meio exterior e do meio interior. O feto sente, sente emoções, sente estimulações sensoriais e memoriza o que sentiu" (Busnel, 2002 , p. 29).

Podemos agora, com segurança, afirmar que as experiências sensoriais e emocionais ficam registradas como memória no feto e no bebê, permanecendo como registros cenestésicos por toda a vida.

Ainda no campo das neurociências, o doutor Soussumi direciona suas pesquisas na investigação das bases biológicas e neurocientíficas para fundamentar a teoria psicanalítica. Busca referências na teoria neuronal para compreender a questão da memória fetal, que chama de registros básicos. Como esse conceito encontra ressonância direta com os conceitos de registros primitivos ou cenestésicos da Análise Psicodramática (considero oportuno destacar os fenômenos da ontogenética e da epigenética apresentados pelo autor).

O meio uterino está programado para oferecer recursos que atendam a todas as necessidades de desenvolvimento do ser humano, diz o autor. Nós, terapeutas (mais empíricos que científicos), perguntamo-nos: "Programado como?" Soussumi responde:

1. *Código quântico:* partícula ou energia em movimento que forma a memória que une os fenômenos constituintes de todo o universo, desde o *big-bang* até as manifestações psíquicas humanas.
2. *Código genético:* por meio do DNA. Essa molécula é a sede da memória transmitida de geração a geração e que permitiu o surgimento da vida tal qual a conhecemos na Terra.
3. *Código sinóptico:* no qual se localizam as funções mentais e psíquicas no cérebro.

Em relação ao código genético, aborda os processos da ontogênese e da epigênese, responsáveis pela formação das estruturas orgânicas e psíquicas nos seres humanos.

Nas palavras de Soussumi:

[...] aceita-se, cada vez mais, no caso dos seres humanos, as evidências de que, além do que está programado pelos genes (ontogênese), que vão dar a conformação das estruturas, a influência do meio, que já ocorre num momento muito precoce, ainda na vida intra-uterina, é fundamental para a construção das formas de funcionamento peculiares de cada indivíduo, o que há algum tempo se conhece como epigênese. (Busnel, Soussumi, Cunha e Odent, 2000, p. 39)

No aspecto psíquico, destaco os estudos realizados por Boadella, terapeuta de base reichiana, que criou a abordagem da biossíntese. Ele descreve a evolução da vida intra-uterina do ponto de vista embriológico e energético. Lembremo-nos de que a organização embriológica do feto é composta por três camadas celulares: endoderma, ectoderma e mesoderma. Na visão energética, Boadella teoriza que existem três fluxos de afeto associados a essas camadas:

1. *Afeto de pele fetal:* sentido na forma de ondas de prazer ou desprazer na pele em resposta ao toque. Esse afeto, no aspecto embriológico, está correlacionado ao desenvolvimento da camada celular externa do feto (ectoderma).

   Ectoderma é a camada celular responsável pela formação de todos os tecidos nervosos do corpo e dos órgãos do sentido, incluindo a pele.

2. *Afeto cinético:* definido como o fluxo das emoções associadas aos movimentos. Esse afeto tem como substrato embriológico a camada chamada de mesoderma.

Recordando: mesoderma é a camada celular central do feto que irá se transformar no sistema muscular, no esqueleto ósseo, nos vasos sangüíneos e no coração.

3. *Afeto umbilical:* definido como o fluxo dos sentimentos associado à vida e à energia que são bombeadas para o centro do corpo do feto por meio do cordão umbilical.

Esse afeto tem, como substrato embriológico, a camada celular chamada de endoderma. Recordemo-nos, mais uma vez, de que endoderma é a camada interna do corpo do feto que produz os tecidos que metabolizam a energia: o revestimento do tubo digestivo, todos os órgãos digestivos e os tecidos dos pulmões.

> [...] o afeto umbilical positivo produz uma sensação de bem-estar e vitalidade, um calor agradável na boca do estômago. O afeto umbilical negativo produz uma sensação de indisposição, ansiedade, desespero e mal-estar, uma sensação de envenenamento da fonte da vida. (Boadella, 1992, p. 27)

Quando a criança nasce e o cordão é cortado, o afeto umbilical permanece como memória somática, diz Boadella. Entendo que essa memória somática irá se manifestar mais tarde, na vida adulta, de duas formas: como sensações e percepções viscerais oriundas do território cenestésico e/ou como imagens oníricas oriundas do território simbólico.

É impressionante acompanhar o desenvolvimento da gestação de acordo com as palavras de Boadella:

> [...] Em vinte e cinco dias de gestação num organismo que pesa menos de um milésimo de grama, o coração terá começado a bater, o tubo pulsa espontaneamente.

A partir das três primeiras semanas podemos chamar esse conjunto de tubos de embrião. Nas próximas cinco semanas, todas as estruturas fundamentais do corpo humano estarão estabelecidas. Nos sete meses restantes de gestação, o feto irá crescer seiscentas vezes mais, mas não estabelecerá mais nenhuma estrutura básica. Será que devemos acreditar que esse tempo rico e primordial, no qual o organismo cresce mais rápido do que em qualquer outra fase da vida, não deixa marcas? (Boadella, 1992, p. 33-6)

Segundo essa concepção, Maria de Melo Azevedo (1999, p. 7), terapeuta corporal de abordagem reichiana, defende a posição de que uma vivência harmônica dessa fase da vida é essencial para o desenvolvimento saudável da personalidade. A autora afirma que, se uma condição estressante ocorre na fase embrionária, leva a uma disfunção psicótica ou à formação de um núcleo psicótico. Explica esse fato com o argumento de que o feto possui maiores recursos do que o embrião para responder a situações ameaçadoras, uma vez que, na condição de feto, já existem órgãos de choque. Fundamenta, como condição estressante, a frustração fetal, quando o feto é recebido por um útero frio, pouco acolhedor, tomado de ódio, rejeitador.

Em linguagem energética, escreve a autora, pode-se dizer que esse útero ofereceu um campo energético deficiente, hipogornótico ou com excesso de DOR-1.[1]

Calegari, terapeuta também de base reichiana, ao abordar o tema referente à organização evolutiva do campo energético, apresenta posição semelhante:

---

[1] De acordo com Reich a energia orgone (OR) é a energia primária que preenche todo o universo; é pulsação, vida e criatividade. DOR é a energia OR paralisada em sua pulsação.

VICTOR R. C. S. DIAS - VIRGÍNIA DE ARAÚJO SILVA

[...] No período intra-uterino o sistema energético do bebê apresenta-se num estado de total fusão com o sistema energético da mãe. Neste período, estímulos nocivos à vida desencadeiam mecanismos de proteção a partir do nível visceral, ocorrendo a formação de núcleos biopáticos. (Calegari, 2001, p. 59)

O conceito de biopatia indica que a vida fica paralisada em sua raiz, na pulsação plasmática, induzindo o encolhimento celular. Segundo Calegari, situações de excessiva sobrecarga externa podem reativar esse mecanismo de proteção primitivo; entende-se, então, que foi reativado um núcleo biopático. A esse mecanismo de defesa o autor, seguindo Reich, denomina "Couraça Vegetativa do Cerne", e diz que, subjacente a essa forma de encouraçamento, encontra-se um temor generalizado de desorganização das sensações vitais.

Essas formas de compreensão da condição intra-uterina encontram ressonância também nos escritos do psiquiatra Ronald Laing. Numa palestra intitulada "A vida antes do nascimento", ele afirma que

a implantação do óvulo é equivalente à adoção, e que o corpo celular implantado é, de alguma forma, sensível à receptividade do útero. Se o útero é receptivo, a massa celular efetivamente finca suas raízes em solo fértil. Se o útero é sentido como não receptivo, fantasias ou pesadelos de estar sendo sugado podem, mais tarde, assombrar os pensamentos.

Como vimos, Laing considera etiologia das disfunções esquizóides e esquizofrênicas a vivência intra-uterina e o nascimento tanto em seu aspecto biológico como existencial:

[...] o nascimento físico e a sensação de vida biológica são seguidos do nascimento existencial do bebê como ser real e vivo. Para existir com firme âmago de segurança ontológica, precisa de alguém que confirme e aceite sua existência como um ser vivo, real, uno, com continuidade no tempo e localização no espaço. (Laing, 1973, p. 43)

A teoria de desenvolvimento da Análise Psicodramática é baseada na concepção de que a organização somática (desenvolvimento dos modelos) funciona como substrato cenestésico sobre o qual ocorre a organização psíquica.

Podemos acrescentar que a organização embriológica funciona como substrato bioenergético sobre o qual se desenvolve a organização somática. Assim, podemos visualizar claramente que o desenvolvimento humano ocorre em três níveis distintos, mas inter-relacionados: embriológico, somático e psicológico.

Recordemos que na teoria da programação cenestésica o psiquismo se desenvolve a partir da interação entre os climas afetivos advindos do mundo externo e o desenvolvimento do sistema nervoso interoceptivo, responsável pelas sensações cenestésicas viscerais. Nesse enfoque, teremos:

- *Fase do Ingeridor:* ocorre nos 3 primeiros meses de vida; o foco cenestésico está localizado no estômago, na boca e no esôfago e o aspecto psicológico posterior estará relacionado aos mecanismos de incorporação, satisfação ou insatisfação do conteúdo externo para o meio interno.
- *Fase do Defecador:* acontece mais ou menos dos 3 aos 8 meses de vida e o foco cenestésico está localizado no intestino grosso, no reto e no ânus. O aspecto psicológico

posterior estará relacionado com os mecanismos de criação, elaboração, expressão e comunicação dos conteúdos internos para o meio externo.

▶ *Fase do Urinador:* acontece mais ou menos dos 8 meses até os 2 anos e o foco cenestésico está localizado na bexiga urinária, no esfíncter e na uretra. O aspecto psicológico posterior estará relacionado com os mecanismos de planejamento, controle, decisão e execução de ações no ambiente externo, que gratifiquem desejos ou necessidades internas.

Esses modelos irão se desenvolver de qualquer maneira, pois estão previstos no código genético do desenvolvimento psíquico da espécie humana (ontogênese). A intervenção do ambiente externo ocorre por meio de climas afetivos facilitadores ou inibidores que, como o próprio nome diz, facilitam ou inibem o processo de desenvolvimento desses modelos (epigênese).

A Análise Psicodramática, por meio de uma linguagem própria, expressa compreensão semelhante às abordagens anteriormente citadas no que se refere à concepção de que o clima afetivo atua desde a vivência intra-uterina.

Sabemos que o feto, dentro do útero, está todo voltado para sua condição energética e para seu mundo cenestésico, e que este consta basicamente da sensação de estar vivo. Ao mesmo tempo, seu ambiente externo é constituído pelo útero e pelo líquido amniótico, e toda sua relação nutricional é estabelecida com a mãe por meio do cordão umbilical.

Dessa forma, entendemos que o foco cenestésico do bebê, em sua vivência intra-útero, é uma sensação basal de estar vivo e acreditamos que esteja localizado no corpo, como um todo. É por meio do útero, do líquido amniótico e, especialmente, do cordão umbilical, que o bebê incorpora e registra a condição energética da mãe, DOR ou OR, o afeto umbilical (positivo ou negativo), o estresse emocional (frustração fetal) ou o clima afetivo (facilitador ou inibidor), seja qual for a terminologia que preferirmos usar.

Podemos então inferir que existem climas afetivos ativos já nessa fase intra-uterina, e que esses climas estarão profundamente incorporados à *sensação basal de estar vivo*.

No trabalho terapêutico com indivíduos de estrutura esquizóide ou mesmo com núcleo esquizóide, encontramos uma série muito grande de referências simbólicas em relação ao útero e ao líquido amniótico.

Na existência de um clima afetivo facilitador incorporado e vinculado à sensação basal de estar vivo, esse bebê já teria, por ocasião de seu nascimento, um registro cenestésico de segurança e acolhimento em relação à vida. Esse registro cenestésico funcionará como pano de fundo e como plataforma visceral e energética para o desenvolvimento dos modelos em seus aspectos somático e psicológico.

Entendemos por climas afetivos facilitadores a condição emocional emanada pela mãe biológica, como calor, aceitação, proteção, acolhimento, continência e amor, durante a gravidez.

Quando há um clima afetivo inibidor incorporado à sensação básica de estar vivo, esse bebê já tem, por ocasião de seu nascimento, um registro cenestésico de insegurança e desamparo em relação à vida. Esse registro de insegurança funcionará também como pano de fundo e plataforma cenestésica para o desenvolvimento dos modelos somáticos e psicológicos.

Climas afetivos inibidores são aqueles emanados pela mãe biológica traduzidos como indiferença, ódio, rejeição, hostilidade, desamparo, frieza etc., durante a gravidez.

Acredito que o bebê que foi submetido, durante a fase intra-uterina, a climas inibidores, desenvolverá, posteriormente, uma sensação de não ter direito à vida nem de se sentir aceito e amparado pelos outros.

De meu ponto de vista, essa sensação de insegurança ontológica, como diz Laing, já se encontra presente no útero. É uma sensação de insegurança de existir dentro do útero. A conseqüência desse contato precoce com o clima afetivo inibidor é que viver e existir torna-se ameaçador desde a vida intra-uterina.

Qualquer bebê terá um desenvolvimento semelhante no aspecto somático durante sua fase cenestésica, desde a fase intra-útero até os 2 anos. Assim, todos os modelos, em sua formação estrutural, podem ficar vinculados aos climas inibidores captados, e a ameaça estará relacionada aos mecanismos:

- No Ingeridor, de incorporação, *ao receber.*
- No Defecador, ao de criação, elaboração e expressão, *ao expor-se.*
- No Urinador, ao de planejamento, controle, decisão e execução, *ao agir.*

No esquizóide, a ameaça estará relacionada à sensação de existir e pertencer, e isso interferirá em todos os mecanismos interativos, desde o simples ato de ser visto, ouvido, compreendido, até comunicar-se e agir. *A ameaça estará relacionada ao viver.*

Podemos entender o esquizóide com níveis variáveis de gravidade.

No caso mais grave, há um indivíduo que foi submetido a climas afetivos inibidores, principalmente de ódio e indiferença em sua fase intra-útero, e também a climas inibidores durante o desenvolvimento dos modelos psicológicos posteriores de Ingeridor, Defecador e Urinador. Esse indivíduo apresentará, como característica marcante, permanente sensação de não ter o direito de existir e o terror de ser destruído. Dizemos, nesse caso, que estamos diante de uma *personalidade esquizóide*. Essa seria a patologia estrutural esquizóide.

No caso menos grave, encontramos um indivíduo que foi submetido a climas inibidores em sua fase intra-útero, mas que recebeu climas facilitadores durante o desenvolvimento dos modelos psicológicos posteriores. A vivência intra-útero passa a ficar como pano de fundo e prevalecem as vivências extra-uterinas. Esse indivíduo terá apenas uma sensação de pano de fundo, de não ter o direito de existir, e um medo de ser destruído e anulado. Estamos diante de um *núcleo esquizóide*. Sabemos que, em condições de tensão interna ou externa, o núcleo esquizóide pode ser reativado e vivenciado na mesma intensidade registrada na fase intra-uterina. Incluem-se, aqui, os pacientes neuróticos, que apresentam núcleo esquizóide não ativado em sua estrutura básica.

ESTRUTURA CENESTÉSICA DO ESQUIZÓIDE

Na base da estrutura cenestésica da personalidade esquizóide estão presentes, de forma constante e contínua, sensações de intensa vulnerabilidade, aniquilamento, ameaça, destruição e morte.

Essas sensações primitivas são denominadas por Laing insegurança ontológica primária. Uma sensação basal de insegurança de ser, de existir, que se apresenta de três formas: absorção, implosão, petrificação e despersonalização.

Absorção

O esquizóide

[...] teme o relacionamento com qualquer pessoa e, na verdade, até consigo mesmo, porque a incerteza relativa à estabilidade de sua autonomia deixa-o vulnerável ao temor de que, em qualquer relacionamento, perderá sua autonomia e identidade. Esta ansiedade primitiva explica uma forma da assim chamada reação terapêutica negativa. Ser compreendido corretamente é ser absorvido, devorado, mergulhado, comido, sufocado, pelo que se supõe, seja uma certa segurança no isolamento. O amor do outro é, portanto, mais temido que seu ódio, ou todo amor é sentido como uma versão do ódio. A absorção é sentida como risco de ser compreendido, de ser amado, ou mesmo simplesmente de ser visto. Ser odiado poderá constituir um risco por outras razões, mas, às vezes, é menos perturbador do que ser destruído, na absorção do amor.[...] a principal manobra usada pelo esquizóide para preservar a identidade sob pressão do temor da absorção é o isolamento. Assim, em vez das polaridades de separação e relacionamento, baseadas na autonomia individual, existe a antítese entre a completa perda do ser pela absorção na outra pessoa e a completa solidão (isolamento). (Laing, 1982, p. 46-7)

Implosão

Laing entende a ansiedade primitiva de implosão como uma forma extrema daquilo que Winnicott chama de invasão da realidade.

Nas palavras de Laing,

[...] qualquer contato com a realidade é sentido em si mesmo como terrível ameaça. O indivíduo sente que, como o vácuo, está vazio. [...]

Mas esse vazio é ele próprio. Assim, a realidade sentida nessa posição de vazio é necessariamente implosiva. A realidade como tal, ameaçando absorção ou implosão, é perseguidora. De fato, encontramo-nos todos a apenas dois ou três graus de distância de experiências dessa ordem. Mesmo uma ligeira febre pode fazer que o mundo inteiro assuma aspecto ameaçador (persecutório). (Laing, 1982, p. 48-9)

Petrificação e despersonalização

Segundo Laing, ao usar o termo petrificação, podem-se explorar diversos significados:

1. Uma determinada forma de terror, pela qual a pessoa se torna petrificada, isto é, transforma-se em pedra.
2. O terror de que isso aconteça, isto é, o terror da possibilidade de se transformar ou de ser transformado de pessoa viva em algo morto, numa pedra, num robô, num autômato, sem autonomia pessoal de ação, um objeto sem subjetividade.

3. O ato "mágico", por meio do qual se pode tentar transformar alguém em pedra, "petrificando-o" e, por extensão, o ato pelo qual se nega a autonomia do outro, ignoram-se seus sentimentos, olha-se a pessoa como um objeto, mata-se sua vida. Neste sentido, talvez seja melhor dizer que ela é despersonalizada ou anulada. (Laing, 1982, p. 49)

Observamos, nessa definição, que Laing descreve petrificação tanto como uma forma de ansiedade primitiva quanto uma forma de reação a essa ansiedade. E despersonalização, como conseqüência do mecanismo de petrificação, no sentido de anulação.

Nós, da Análise Psicodramática, entendemos que na Estrutura Cenestésica básica do Esquizóide encontram-se impressas as angústias primitivas de absorção e de implosão, descritas por Laing, e acrescentamos uma outra forma à qual chamamos de Angústia de Fragmentação/Desintegração.

Entendemos o Mecanismo de Petrificação como uma reação de *defesa do psiquismo*.

Para lidar com essas angústias primitivas de implosão, absorção e fragmentação, o esquizóide passa a utilizar vários sistemas de defesa, entre eles o mecanismo de coisificação, sendo a petrificação uma de suas formas.

O tema Defesas Esquizóides será abordado mais adiante.

Na Análise Psicodramática, entendemos que a Estrutura Básica do Esquizóide é constituída por:

- Cisão do *self* em dois Eus: Eu Observador e Eu Operativo.

- Angústias ontológicas de Absorção-Implosão e Fragmentação do *self*.

Desse aspecto constitutivo decorrem sensações primitivas de profunda vulnerabilidade, aniquilamento e ameaça de destruição e morte vivenciadas pelo esquizóide.

Cisão do self

Autores com fundamentação psicodinâmica entendem que a designação Esquizóide reflete exatamente uma cisão primitiva do *self*.

Gabbard diz que:

> [...] o esquizóide apresenta uma cisão ou fragmentação do *self* em diferentes representações do *self* que permanecem não integradas. O resultado dessa cisão é uma identidade difusa. Os pacientes esquizóides não têm certeza de quem são eles e sentem-se assolados por pensamentos, sentimentos, desejos e anseios altamente conflitantes. (Gabbard, 1998, p. 288)

A difusão da identidade torna difícil o relacionamento com os outros.

Laing descreve, também, uma cisão entre corpo e *self*, que é a base do Eu dividido, termo designado para os quadros esquizóide e esquizofrênico.

Com base na etiologia apresentada, podemos supor que o esquizóide apresenta, em sua estrutura cenestésica primitiva, talvez desde a matrização intra-útero, uma cisão estrutural, como forma de defesa ao "terror" vivenciado nessa fase pela ação do clima afetivo inibidor (ódio–indiferença).

Sabemos que a função de toda defesa é manter a estrutura psíquica como foi originalmente organizada, portanto, no caso do esquizóide, a função da defesa é manter a cisão. É como se essa cisão ficasse impressa na própria estrutura da personalidade, transformando-se no aspecto psicodinâmico no núcleo primitivo central da patologia esquizóide. Assim, entendemos que o esquizóide, na tentativa de lidar com as sensações de insegurança ontológica, tanto intra como extra-útero, recorre ao mecanismo de defesa mais primitivo – cisão estrutural. A literatura está repleta de termos que retratam essa condição de fragmentação: *Self* desencarnado, Eu dividido, Corpo abandonado, Identidade fragmentada – "um ser que já nasceu quebrado".

Na Análise Psicodramática, entendemos que a cisão estrutural é caracterizada por uma ruptura dentro da própria área corpo, entre o corpo visceral (sede das sensações e da intuição) e o corpo muscular (sede das emoções e dos sentimentos).

Dito de outra forma, dessa cisão do *self* surgem dois Eus cenestésicos, equivalentes ao Eu observador e ao Eu operativo no território psicológico.

O Eu observador tudo contempla e em nada se envolve diretamente. A função principal é observar e controlar. Essa função apresenta um duplo controle: tenta controlar "as ameaças" (projetadas) e as ações do Eu operativo.

O Eu operativo é o Eu participante, que tem a função de interagir nas relações interpessoais.

O Eu observador é contemplativo e silencioso, "olha" para fora (mundo externo) e "olha" para dentro (mundo interno). Quando se volta para dentro, faz conexão com o corpo visceral, é sensitivo e intuitivo. Mas como funciona num universo paralelo cindido do Eu operativo, expressa-se por um código particular e tende a não ser compreendido pelo código universal. Por outro lado, a intuição ancorada nas sensações viscerais é uma função bem desenvolvida no esquizóide.

O Eu operativo, em sua função interativa, tende a buscar auxílio nos mecanismos de defesa. Muitas vezes, confunde-se com a própria defesa (personagem, por exemplo), fica encoberto e confundido, podendo transformar-se num falso *self*.

Formulamos, na Análise Psicodramática, que a estrutura cenestésica básica do esquizóide é composta por dois Eus fragmentados (Eu observador e Eu operativo), cindidos, sim, mas não excludentes. Essa é, a nosso ver, a principal diferença entre a estrutura cenestésica básica do esquizóide e a estrutura esquizofrênica, esta última também estruturada pelo mecanismo de cisão primitivo, mas composta por dois ou mais Eus caracterizados, pelo fato de serem excludentes.

A sensação do esquizóide, verdadeira, aliás, é de que coexistem, dentro dele, dois Eus paralelos, que não se comunicam, como se fossem duas entidades que convivem de forma pacífica, sem conflitos, mas que seguem caminhos paralelos e não interagem.

Daí decorre uma sensação muito freqüente do esquizóide, registrada em sua estrutura cenestésica primitiva: ao transformar em palavras, relata sentir-se um blefe, uma mentira, um impostor: "Como esse Eu (referindo-se ao Eu operativo) pode ser verdadeiro?" "Sou, também, muito diferente" (referindo-se ao Eu observador).

O psiquismo do esquizóide tenta estabelecer uma ponte entre o Eu observador e o Eu operativo via área mente. Veremos no capítulo sobre os Sistemas de Defesa as conseqüências que resultam disso.

Passo a descrever, agora, a compreensão dinâmica que temos a respeito dessas angústias primitivas, na tentativa de fundamentar a Estrutura Cenestésica do Esquizóide no embasamento da Análise Psicodramática.

ESTRUTURA CENESTÉSICA DO ESQUIZÓIDE NA ANÁLISE PSICODRAMÁTICA

Angústia de absorção

É uma sensação advinda de uma forma de contato com o outro, na qual a pessoa se sente ameaçada de anulação, dominação e de perda de identidade.

É decorrente do contato com um clima psicológico de amor fusional que impede o bebê de sair da fase de indiferenciação e, portanto, de ser reconhecido e reconhecer-se com identidade própria, real, viva e autônoma.

Assim, podemos dizer que amor, admiração, solidariedade, compaixão, compreensão etc. podem desencadear o temor de absorção.

Ao se sentir compreendido e amado, a angústia primitiva de absorção tende a ser mobilizada, o que configura, para o esquizóide, a ameaça de ser anulado, englobado na identidade do outro e, portanto, de perder o pouco de identidade que possui.

Observamos que, com freqüência, o temor de absorção aparece nos sonhos e nas fantasias do esquizóide sob a forma de imagens oníricas de ser enterrado vivo, mergulhado em areia movediça, envolvido por ondas, arrastado pela correnteza, sufocado, comido, dominado etc.

Angústia de implosão

Definimos como a sensação de invasão descontrolada da realidade externa, no mundo interno da pessoa, provocando uma ameaça de implosão da identidade.

Na Análise Psicodramática, entendemos que uma vez que o esquizóide está cindido entre seu corpo visceral e seu corpo muscular, a realidade entra em contato direto com o corpo visceral, sem ter o corpo muscular como anteparo. A sensação de contato direto entre a realidade externa e o corpo visceral é vivida como ameaça de implosão interna.

Nesse caso, o clima inibidor vivenciado na interação mãe–feto e mãe–bebê, na fase cenestésica do desenvolvimento, foi, basicamente, de hostilidade ou ódio.

Com base nessa relação de clima de ódio ou hostilidade, o esquizóide desenvolve uma hipersensibilidade a situações de invasão, vivenciadas na forma de angústia de implosão e morte. É como se a condição de sua sobrevivência fosse viver em estado de alerta máximo sempre que está na presença de outras pessoas.

Qualquer situação de realidade um pouco mais hostil, ou mesmo não hostil, mas sem controle ou inesperada, será sentida pelo esquizóide como invasão e poderá reativar o temor de implosão, pois sua integridade física estará ameaçada.

A angústia principal, portanto, não é de não existir, no sentido psicológico ou existencial, mas, fundamentalmente, de sentir sua integridade física ameaçada, de deixar de existir como corpo. É a angústia que aparece, muitas vezes, em sonhos, sob a forma de imagens do corpo despedaçado, mutilado, com partes do corpo físico desconectadas, sobrepostas ou encaixadas em lugares errados.

Angústia de desintegração

É a sensação de o self dissolver-se, transformar-se em gelo, geléia, pó, pulverizar-se, desintegrar-se na relação com o outro.

É freqüente o esquizóide relatar que sente seu corpo sem peso, sem consistência, sem conteúdo, sem contorno, como se fosse um ser mítico, um corpo etéreo. Nesse caso, em nosso entender, o clima inibidor vivenciado é de indiferença, descaso ou negligência.

Na fase intra-útero, o registro de indiferença seria conseqüência de ausência total ou parcial de ligação sensorial da mãe em relação ao feto. No trabalho terapêutico, observamos a manifestação dessa angústia de dissolução do *self* tanto em sonhos como em procedimentos de sensibilização corporal e de psicodrama interno.

Resumindo: a Angústia de Implosão é basicamente a sensação de ameaça ligada à integridade física; a Angústia de Desintegração, ligada à ameaça de dissolução do self, *e a Angústia de Absorção, ligada à ameaça de não existir, de anulação do* self.

O contato com a realidade e com as pessoas desencadeia, com freqüência, o temor de absorção, implosão e desintegração. Mesmo situações comuns de realidade assumem um aspecto ameaçador e persecutório para o esquizóide.

Como vimos na etiologia, na terapia essas Angústias Primitivas serão mobilizadas nos pacientes que apresentam estrutura esquizóide, assim como nos pacientes de estrutura neurótica, quando trabalhados conteúdos referentes a seu núcleo esquizóide, o que geralmente acontece em fase de aprofundamento na terapia.

CARACTERÍSTICAS PSICOLÓGICAS GERAIS DO ESQUIZÓIDE

Defino o esquizóide como a pessoa que se tornou ausente de si mesma, portanto, uma pessoa descorporificada, um corpo abandonado, um *self* desencarnado.

O esquizóide sente-se totalmente inseguro diante das circunstâncias comuns da vida, como se sua integridade física e emocional, sua existência, estivessem sendo ameaçadas a todo momento, em constante sensação de não pertencer. Vive num estado emocional permanente de terror e medo.

Esse estado de terror é representado na mente, na fantasia e nos sonhos com imagens de destruição, desolação e aniquilação totais.

Imagens de destruição por fogo, de paisagens áridas, secas ou frias, como deserto e gelo, são bastante freqüentes em seus sonhos. O esquizóide vivencia sensações de que seu corpo está se despedaçando, se desconjuntando ou se desintegrando. Seu medo é expresso numa atitude de desconfiança e controle, é um medo de expor-se, de ser visto, de ser descoberto, de "sair de dentro de si mesmo", do seu refúgio interno e, assim, ser destruído na tentativa de relacionar-se.

Sabemos que o medo provoca três reações nas pessoas: luta, fuga ou paralisação.

Quando o esquizóide toma a atitude de enfrentar o medo, luta com fúria: é a vida que está em jogo. Quando assume a atitude de fuga, foge para dentro de si mesmo. Quando entra no estado de paralisação, é capaz de ficar durante horas imóvel, olhando fixamente para o nada. Nos casos mais graves, mobiliza defesa de petrificação.

O grande medo do esquizóide é o de precisar: não reconhece que precisa do outro e, freqüentemente, nega aquilo que recebe. Precisar do outro se torna assustador porque implica expor-se e relacionar-se. O medo do esquizóide de precisar do outro aparece sob a forma de medo de ser abandonado, de ser frustrado, de ser destruído, da loucura e da agressividade do outro.

Na relação com o outro, o esquizóide só conhece duas possibilidades:

- Isolamento (retração sélfica)
- Contato fusional (indiferenciado)

O esquizóide teme e deseja o contato com o outro. O contato fusional ameaça sua identidade de dominação e anulação. O estágio intermediário entre o contato fusional e a ausência de contato é vivido pelo artifício do jogo de personagens. O registro de separação (individuação) não existe na experiência relacional do esquizóide, posto que suas relações são, sempre, realizadas de forma fusional. Assim, ele apresenta dificuldade tanto em ligar-se como em separar-se do outro.

Sente necessidade de ser visto e reconhecido como pessoa para manter seu senso de identidade e realidade. Para que isso aconteça, ele precisa se expor, mas é impedido pelo medo da dominação e do aniquilamento. Ao não se expor e ao continuar invisível, passa a sofrer uma sensação de anulação, despersonalização e, mesmo, de não-existência. Vive num permanente dilema:

SER VISÍVEL X SER INVISÍVEL

A sensação basal comum a esse conflito é de desamparo e de não ser capaz de proteger a si mesmo. Observamos, com freqüência, esse conflito presente durante o processo de psicoterapia e mobilizado na relação terapêutica.

O esquizóide sente-se vulnerável e desamparado tanto pela sensação de invisibilidade quanto de transparência. Sua característica central passa a ser de identidade. Ela só se efetiva na medida em que o *self* desencarnado retorna e toma posse do corpo para que ele possa recuperar sua condição humana.

A pergunta do esquizóide para si mesmo é: "Quem sou eu?" E sua grande dúvida em relação à sua própria identidade baseia-se numa sensação de não-existência e não-pertencimento.

Já o neurótico não apresenta dúvidas quanto à sua existência, mas sim a respeito de sua identidade: o "como" ele é. O psicótico apresenta dúvida quanto à sua existência psicológica. E o esquizóide apresenta dúvida quanto ao seu direito de existir e pertencer.

Entendemos que a dúvida mais intrínseca do esquizóide seja relativa ao seu direito de pertencer. Sente que não pertence a lugar nenhum, que está na vida "de penetra", sem ter sido convidado, e muito menos aceito. Seu terror é ser descoberto e aniquilado. Para ele, viver no corpo físico é uma experiência perigosa e assustadora. Associar-se ao seu corpo é o primeiro passo para a experiência de pertencer a um corpo, a uma família, a uma cidade, a um país, a um planeta. Existir e pertencer vêm acompanhados pela sensação contínua de ameaça vital.

Ao apresentar, em sua estrutura básica, uma sensação de intensa vulnerabilidade, de não ter o direito de existir e de pertencer, o esquizóide passa a vivenciar, de forma constante, a ameaça de "ser visto pelo outro". O terror de "ser visto" é sentido como ameaça de aniquilamento e morte; e o de "não ser visto" passa a ser vivido como sensação de anulação e despersonalização.

Ele passa a viver num dilema constante entre:

- *Desejo de ser visto* e necessidade de não ser visto.
- *Desejo de pertencer*, enraizar-se, e necessidade de não constituir vínculo com nada nem com ninguém.
- *Desejo de ser reconhecido*, valorizado, de ser importante, e necessidade de viver de forma clandestina, no anonimato, para não ser descoberto.

Para sair desse dilema, o esquizóide tem de se relacionar sem se relacionar.

O psiquismo, contando com a sabedoria do inconsciente, encontra a saída, lançando mão de vários sistemas de defesa. Todos eles apresentam como base o disfarce, para auxiliar o esquizóide a existir, sem ser visto diretamente. Assim, por meio dos sistemas de defesa, ele consegue ganhar existência, mas a angústia básica, referente à sensação de não pertencer, continua presente.

SISTEMAS DE DEFESA DO ESQUIZÓIDE

O esquizóide utiliza-se de várias manobras defensivas, com o intuito de proteger-se do medo de ser destruído ou anulado. Utiliza-se dessas defesas inconscientemente, como estratégia de sobrevivência.

Sistema de personagens

É uma forma de relacionar-se por intermédio de personagens: faz da vida um teatro e passa a funcionar representando um ou mais papéis.

Monta um sistema de falso *self*, ao qual chamamos de Sistema de Personagens, e, por meio dele, relaciona-se consigo mesmo e com as outras pessoas.

A relação Eu-Eu é substituída pela relação entre os personagens.

O Eu cenestésico (*self*), cindido do corpo, das intenções e das atitudes, funciona como Eu-observador e Eu-operativo nos campos psicológico e relacional.

Na tentativa de estabelecer algum contato, o esquizóide interpreta, na relação, um personagem: às vezes, interpreta um personagem de fantasia, uma pessoa conhecida, imitando seus traços psicológicos, seu jeito de ser, de comportar-se, e, às vezes, interpreta uma Figura de Mundo Interno, imitando, inclusive, seus mecanismos de defesa.

De qualquer forma, esse sistema de personagens funciona como uma montagem de como gostaria ou deveria ser para relacionar-se sem ser identificado.

O esquizóide, na relação, desempenha o papel de um personagem, personagem este que tem a função de encobrir seu verdadeiro Eu. Assim, seus relacionamentos transformam-se num jogo de esconde-esconde, no qual ele consegue se relacionar sem se expor, sem se relacionar verdadeiramente.

Notamos, com freqüência, além da desconexão entre o personagem e o verdadeiro Eu, um certo artificialismo, algo falso e dissimulado em seu comportamento. Esse artificialismo é a expressão do falso *self* ou do personagem. Aparece com certa freqüência como um comportamento perfeitamente normal, por exemplo, como um filho-modelo, um empregado muito dedicado ou um paciente extremamente cooperativo. Assume um comportamento estereotipado, considerado por ele positivo.

Muitas vezes, passa a interpretar um personagem artificial em que são ressaltados aspectos negativos, como o ódio, a maldade, a crueldade. Por exemplo: um homem muito cruel, uma mulher muito sexualizada, uma médica desumana. Esse artificialismo aparece como uma caricatura ou um visual desarmônico, excêntrico e até bizarro.

Para o bem ou para o mal, quer dizer, independentemente de estar representando personagens de "anjos ou diabos", a tentativa do esquizóide é de se relacionar sem se expor.

Ao utilizar o Sistema de Personagens, consegue aliviar sua angústia do contato fusional, sua solidão e suas carências. *Revela, nas relações, seus personagens montados, mas nunca se revela, nem aos outros, nem a si mesmo.*

Embora alivie parcialmente o medo, a carência e a solidão, o Sistema de Personagens não funciona como veículo eficiente para a obtenção de toda nutrição afetiva e gratificação, pois parte da nutrição e da valorização vai para o personagem, que está desconectado do verdadeiro Eu. Como vimos, o *self* está cindido e dividido em Eu-observador e Eu-operativo.

Se os personagens estivessem conectados ao *self*, o esquizóide, por essa manobra, poderia sentir sua existência reconhecida e confirmada. Dessa forma, poderia absorver os afetos que o personagem recebe.

O contato do *self* com o personagem é feito por meio de um processo mental.

O esquizóide tem conhecimento do personagem pelo mental, mas não tem acesso a ele no âmbito das sensações. Tem sempre a sensação de ser um blefe, uma mentira. Luta para se reunir ao personagem para, assim, associar-se a si mesmo.

Muitas vezes, ele precisa relacionar-se com o verdadeiro Eu, mesmo correndo o risco de essa relação ser fusional; caso contrário, corre o risco de perder-se em seus personagens e, assim, enfraquecer o pouco de identidade que possui.

Laing usa o termo Personificação para descrever uma

> [...] forma de identificação pela qual parte do indivíduo assume a identidade de uma pessoa que ele não é. Na personificação não é necessário que o personificado esteja inteiro. Em geral, trata-se de uma identificação subtotal, limitada a assumir características do comportamento de outra pessoa: seus gestos, maneirismos, expressões; em geral, sua aparência e ações. (Laing, 1982, p. 109)

Usa, também, o termo Impersonação para descrever o processo pelo qual o falso *self* tende a assumir cada vez mais as características de outra pessoa:

> A incorporação de características da outra pessoa pode chegar quase a uma total Impersonação do outro. Em função desse me-

canismo de Impersonação pode ocorrer uma perda quase que completa da identidade; torna-se evidente quando a pessoa começa a transformar-se numa caricatura. (Laing, 1982, p. 109)

Por considerarmos esses dois termos muito apropriados, eles foram incorporados à linguagem da Análise Psicodramática.

Utilizamos o conceito de Personificação e o definimos como um processo de identificação parcial no qual, por imitação, o esquizóide assume características de comportamento de determinadas pessoas, montando assim seus personagens. O verdadeiro *self* fica preservado e protegido pelos personagens.

Personificação é o processo de montagem do Sistema de Personagens.

Definimos Impersonação como o processo pelo qual a pessoa assume a personalidade integral de uma ou mais figuras parentais, como mãe, pai, avós etc. Assim como internaliza, de forma maciça, conceitos morais: Deus, diabo, anjo, conselheiro ou figuras históricas, como a rainha da Inglaterra, Hitler ou o lendário Napoleão.

Nesse caso, a pessoa perde contato com a verdadeira identidade e tende a transformar-se na outra pessoa ou nos conceitos incorporados. A Impersonação ocorre em diferentes graus de intensidade, e, nos casos mais graves, a pessoa pode "impersonar-se" quase totalmente no outro.

Impersonação, portanto, é o processo caracterizado pela introjeção, em bloco, de uma ou mais figuras que passam a compor o mundo interno.

Por esse mecanismo, a pessoa fica "tomada" ou "impersonada" de uma identidade que não é a sua verdadeira.

Consideramos, em relação a esse sistema de defesa, que o mecanismo principal utilizado pelo esquizóide é o de personificação. Embora estabeleça contato fusional, e assim sua identidade tenda a ficar anulada, indiferenciada e encoberta pela identidade da figura parental fusionada, entendemos que o próprio sistema de personagens protege o esquizóide do processo de Impersonação. O Eu do esquizóide não fica impersonado, fica personificado, ou seja, encoberto pelo artifício do jogo de personagens.

Observamos, sim, esse processo de Impersonação presente nos transtornos esquizóides mais graves (esquizotípicos), nos esquizofrênicos ou nos transtornos de personalidade *borderline*.

Mecanismo de cisão

Como vimos, o mecanismo de cisão é compreendido como defesa primitiva do psiquismo e, ao mesmo tempo, fator constitutivo na formação da estrutura cenestésica do esquizóide, fenômeno responsável pela fragmentação do *self*, dividindo-o em dois Eus.

Vários autores utilizam os termos cisão e dissociação de forma semelhante, às vezes, até, alternando-os na descrição de uma dinâmica específica. A tendência atual é enfatizar essas diferenças.

Gabbard, ao citar o texto "Algumas reflexões sobre a dissociação", observa que "um exame cuidadoso sobre os mecanismos de cisão e de dissociação sugere que eles têm tanto semelhanças quanto diferenças" (1998, p. 206).

Quanto às semelhanças, ressaltamos a citação de que ambos são utilizados defensivamente para afastar experiências e afetos desagradáveis e são mecanismos disruptivos na formação de um sentido de *self* regular e contínuo. Diferem em termos das funções de ego atingidas. O controle dos impulsos e a tolerância à ansiedade são especificamente prejudicados pela cisão. Em contraste, na dissociação, a memória e a consciência é que são afetadas.

Entendemos que o mecanismo de dissociação atua em maior ou menor intensidade em praticamente todos os quadros patológicos (em especial, nos casos de neuroses e transtornos de personalidade), e em algumas situações consideradas normais. O parâmetro de saúde é estabelecido, na verdade, pela capacidade de "voltar" do desligamento, de associar-se de novo a si mesmo.

Consideramos muito pertinente o entendimento atual de que o psiquismo funciona num *continuum* dissociativo–associativo, no sentido de que quando o psiquismo não consegue outras formas de defesa, ele ainda pode atuar sobre si mesmo, alterando seu estado de consciência, ou seja, dissociando. A memória é a principal função atingida: a pessoa esquece (amnésia dissociativa) a experiência traumática ou carregada de cargas emocionais conflitantes que o Eu Consciente não consegue absorver e elaborar.

Em síntese, entendemos que o mecanismo de cisão é a mais primitiva defesa do esquizóide.

Como em toda patologia, a dissociação pode ocorrer quando se vivem experiências afetivas muito conflitantes que excedem a capacidade de adaptação do psiquismo e dos outros sistemas de defesa. Portanto, o mecanismo dissociativo não é específico da patologia esquizóide.

A cisão estrutural do esquizóide (na área corpo) compromete, também, as outras áreas: área mente (funções do pensar) e área ambiente (funções perceptivas).

Na tentativa de unir suas sensações e emoções, o esquizóide lança mão da área mente e passa a pensar sobre o que sente. Entendemos esse esforço mental como uma tentativa de fazer uma ponte entre o Eu observador e o Eu operativo. Por outro lado, a intuição ancorada nas sensações viscerais é uma função bem desenvolvida no esquizóide. A intuição subjetiva passa a substituir, muitas vezes, a percepção objetiva do mundo externo. Assim, o esquizóide apresenta um comprometimento das funções perceptivas que se manifestam sob a forma de percepção difusa decorrente da desconexão entre intuição sensorial e percepção objetiva do mundo externo. Como conseqüência, ele tende a utilizar a área mente como cabo de contato entre as sensações (corpo visceral) e as emoções (corpo muscular) e, a partir da percepção difusa (área ambiente), desenvolve explicações, muitas vezes errôneas e falsas, na tentativa de decodificar e compreender suas sensações.

Observamos, ainda, que o esquizóide cindido amortece o corpo, reduzindo sua respiração, motilidade e vitalidade. Desiste das sensações corporais, abandona seu corpo, decreta morte simbólica do corpo muscular (emocional) e recua para o mundo interno do cenestésico e da fantasia.

Desenvolve, pela área mente, uma imagem egóica de supervalorização e onipotência e apresenta um discurso autocentrado, auto-referente e interpretativo.

A imagem egóica fica desconectada da imagem corporal, e o corpo visceral fica desconectado do corpo emocional. Reconhece os sentimentos pela via mental (pensar) e não pela corporal (sentir).

Um corpo amortecido das sensações e emoções, aparentemente, não corre mais o risco de ser aniquilado no contato com o outro, mas fica muito mais vulnerável às descargas psicossomáticas.

Assim, o esquizóide perde o contato com o medo, inclusive com o medo saudável, que funciona como um alerta para os perigos reais do mundo externo, passando, muitas vezes, a correr riscos desnecessários na realidade. Perde a noção de sua posição humana de vulnerabilidade e de falta de proteção real.

Ao "pensar o medo" e não "sentir o medo", acredita que pode controlar a ameaça de forma mental.

Em virtude da cisão estrutural, transforma-se em morto-vivo. O fato mais freqüente é amortecer partes do próprio corpo, vivências do passado ou, ainda, conteúdos emocionais das Figuras de Mundo Interno.

Por seu estado cindido e amortecido, observamos, nos sonhos do esquizóide, imagens de si mesmo ou de outras pessoas na condição de mortos-vivos. Esses mortos-vivos, no sonho, aparecem vivos e, em alguns momentos, abrem os olhos, movimentam-se, respiram, aparecem coisificados, sob a forma de corpo de pano, palha, borracha, madeira, ou petrificados, como corpos de pedra ou estátuas. Essas imagens oníricas são comuns tanto nos sonhos do esquizóide quanto do neurótico, quando, neles, está sendo trabalhado o núcleo esquizóide.

Mecanismo de robotização

É a manobra de transformar o corpo numa máquina, que obedece às ordens do mental. A expressão do corpo e as atitudes adquirem uma configuração robotizada, com movimentos mecânicos e atitudes estudadas. Dessa forma, a mente passa a controlar e comandar as expressões emocionais, as ações, as atitudes e os movimentos corporais, fazendo que o esquizóide se assemelhe muitas vezes a um andróide. Observamos ausência de unidade em sua estrutura corporal, como se as partes do corpo estivessem desconectadas entre si: corpo cindido entre partes superiores e inferiores, lados direito e esquerdo ou partes do corpo que não se conectam com as outras.

Apresenta postura de onipotência, de estar acima das pessoas, do prazer físico na vida, de orgulho, de ser forte e agüentar sofrimento e dor e não precisar dos outros. Observamos, no corpo robotizado, uma intensa frieza, que reflete a negação das necessidades corporais e emocionais e rejeição ao prazer físico.

Talvez seja em virtude dessa frieza que o esquizóide tenda a buscar emoções intensas e sensações extremadas ou a correr grandes riscos a fim de colocar um pouco de vida em seu corpo. A busca por esportes radicais ou por situações perigosas talvez seja uma tentativa de sentir-se mais vivo. Outra tentativa de viver sentimentos reais pode ser submeter-se a situações de dor, cujo objetivo é de humanizar seu corpo robotizado.

A rigidez corporal do esquizóide é diferente da rigidez corporal do neurótico: o neurótico tem uma estrutura rígida, que, entretanto, se apresenta mais integrada tanto no corporal quanto no psicológico. O esquizóide apresenta uma percepção do seu próprio corpo desconectado e fragmentado, que foi agregado aos pedaços, e acabou por tornar-se rígido. Podemos até dizer que ele tem o *corpo quebrado,* e a rigidez passa a ser a forma de *compensar a fragmentação.*

Uma vez que não pode contar com o corpo como forma de relação, ele sobrecarrega a área mente com inúmeras explicações e racionalizações. A sensação do corpo visceral é correta, mas as explicações que desenvolve para si mesmo e para os outros é que não são procedentes.

Alguns autores falam num mecanismo paranóide presente na estrutura psíquica do esquizóide. Entendemos que ele pode apresentar traços paranóides, na tentativa de compreender a causa de suas sensações de ameaça. A diferença, em nosso entendimento, é que o indivíduo paranóide tem uma estrutura mental pela qual não se sente ameaçado, embora pense estar constantemente sob ameaças e monte uma história para justificar seus pensamentos.

O esquizóide sente-se permanentemente ameaçado e acaba desenvolvendo explicações que justificam essas sensações, mas não apresenta uma estrutura mental de natureza paranóide.

Com esse funcionamento, apresenta um discurso em forma de relato, informativo e repleto de falsas explicações. É um discurso sem emoção, frio e controlador, no qual ele tenta convencer-se e convencer o outro de que sua explicação é correta.

Mecanismo contrafóbico

É outra das manobras defensivas utilizadas como proteção ao terror que o esquizóide tem de ser destruído, quando tenta relacionar-se.

A defesa contrafóbica funciona como um mecanismo de evitação emocional das sensações e emoções excluídas que se acham projetadas sobre o ambiente externo. O mecanismo contrafóbico consiste, portanto, na atitude de agredir, preventivamente, para paralisar o possível agressor. Ao assumir uma postura agressiva, o esquizóide tenta intimidar, acuar e paralisar o outro, percebido como agressor, e, dessa forma, ganhar espaço para poder existir e até manifestar-se na relação.

Embora essa agressividade possa ser confundida com raiva, na verdade, está baseada na sensação de ameaça, e a emoção presente é medo.

Muitas vezes, essa agressividade transforma-se em verdadeira fúria, mas mesmo esta tem como função a auto-afirmação, no sentido de que o esquizóide pode enfrentar seus possíveis agressores, reduzindo assim o medo de ser destruído. Como possibilita enfrentar o medo de ser destruído e aniquilado, a fúria é um sentimento reativo que o auxilia a posicionar-se na vida.

Por meio do mecanismo contrafóbico, o esquizóide acredita que mantém a ameaça sob seu controle. Ao passar da posição de ameaçado à de ameaçador, de destruído à de destruidor, sua tentativa é somente de superar o medo.

Muitas vezes, essa agressividade toma a forma de despersonalização do outro, a fim de mantê-lo imobilizado e sob controle. Um modo de exercer esse controle é o ato mágico pelo qual nega autonomia ao outro, ignorando seus sentimentos, olhando para o outro como se fosse um objeto, um ser inanimado.

É comum surgir em seus sonhos elementos estilizados: um desenho, um animal ou uma pessoa representados por formas geométricas ou com partes humanas e estilizadas.

Essa modalidade do mecanismo contrafóbico é caracterizada pela desumanização do outro, ou seja, pela retirada dos aspectos humanos das pessoas. Quando esse mecanismo assume a forma de despersonalização integral do outro, passando a transformá-lo, a seus olhos, em "coisa", damos-lhe o nome de Mecanismo de Coisificação.

Mecanismo de coisificação

Por meio dessa manobra defensiva, o esquizóide desarma secretamente seu possível agressor, transformando-o, de acordo com sua perspectiva, em um ser inanimado. Despersonaliza, petrifica e coisifica o outro, acreditando anular qualquer perigo a si mesmo, transformando-o, em sua percepção, em estátua, objeto, coisa, boneco. O esquizóide tenta lidar com sua ansiedade ontológica.

Entendemos a petrificação como uma modalidade específica do mecanismo de coisificação, isto é, quando o outro é transformado em pedra. Observamos esse fenômeno, principalmente nos sonhos, em cuja imagem onírica surgem pessoas sob a forma de estátuas ou esculturas de pedra, madeira etc.

Na medida em que o esquizóide evita sistematicamente a relação com o outro, ele se relaciona com o outro coisificado; assim, vai perdendo, progressivamente, os referenciais de si mesmo. Vive numa imensa solidão, exilado dentro de si mesmo ou confinado num mundo inanimado. Essa solidão causa-lhe intenso desespero e sensação de despersonalização e desumanização.

Nessa condição, progressivamente, perde o referencial de sua própria condição humana e adquire a desesperada sensação de transformar-se numa "coisa", num ser irreal, sem vida.

Entendemos que a angústia primitiva de despersonalização vivida, em virtude do contato com um clima afetivo inibidor de indiferença e descaso, é a base cenestésica sobre a qual se fundamenta o mecanismo dinâmico do processo de coisificação do outro e de si mesmo. É a sensação de transformar-se de um corpo vivo em um corpo inanimado, feito de pedra (petrificação), palha, areia, pano, como boneca etc. Funciona como um mecanismo de defesa, já que o corpo, embora coisificado, continua presente, e o que deixa de existir são os conteúdos emocionais e os aspectos que caracterizam sua vulnerabilidade humana. No aspecto dinâmico, é uma defesa severa, com o objetivo de evitar sentir. Um corpo coisificado ou petrificado no seu sentir não corre mais o risco de ser destruído.

Todos os mecanismos de defesa do esquizóide apresentam um ponto em comum: o corpo muscular ganha existência física e o que deixa de existir é o corpo emocional. Apresentam a função básica de evitar sentir a ameaça e, de alguma forma, poder relacionar-se.

Entendemos que, embora grave, a patologia esquizóide é passível de reversão com psicoterapia, uma vez que o corpo emocional é passível de modificação.

Essas manobras defensivas, embora encontradas com freqüência no esquizóide, não são exclusivas dessa patologia. Observamos que o indivíduo neurótico também se utiliza desses recursos defensivos.

O mecanismo de dissociação está presente, em maior ou menor intensidade, em praticamente todos os quadros neuróticos e, inclusive, em algumas situações consideradas normais. O psiquismo funciona num *continuum* dissociativo–associativo. A defesa fóbica, por exemplo, em sua maior intensidade, é uma defesa dissociativa. A grande diferença, de nosso ponto de vista, é que o indivíduo neurótico ou "normal" é integrado no seu aspecto estrutural e se dissocia como forma de defesa, ao passo que o esquizóide, já cindido em sua estrutura básica, pode utilizar a dissociação como forma de defesa psíquica. Ao ativar essa defesa fóbica, o primeiro foge de seus sentimentos para proteger-se, ao passo que o segundo, já cindido, luta para encontrar seus sentimentos perdidos no corpo muscular.

Podemos conceituar como uma grande diferença entre o esquizóide e o neurótico a possibilidade de associação a si mesmo. O neurótico, muitas vezes, consegue funcionar nesse *continuum* dissociativo–associativo; o esquizóide funciona como um *continuum* dissociativo, variando somente a intensidade, portanto, a gravidade, da dissociação.

O domínio da mente sobre o corpo pode ocorrer em todos os quadros neuróticos (obsessivos, depressivos, histéricos, fóbicos e psicopáticos), em virtude da mobilização de defesas intrapsíquicas ou de defesas egóicas.

O amortecimento do corpo está presente na depressão intensa e, também, nas defesas fóbica e conversiva.

A montagem de um personagem é uma característica importante na defesa histérica. A diferença é que o personagem montado pela pessoa histérica tem a função de proteger o Eu verdadeiro, e o sistema de personagens montado pelo esquizóide acaba por anular o verdadeiro Eu.

O mecanismo de coisificação, em intensidade mais branda, é uma característica da defesa contrafóbica utilizada, também, pelos indivíduos neuróticos.

A principal diferença é que o neurótico tem seu corpo visceral e seu corpo muscular já integrados, e lança mão dos recursos defensivos para se proteger *nas* relações, enquanto o esquizóide os utiliza para proteger-se *das* relações.

Resumidamente, podemos dizer que os principais sistemas de defesa do esquizóide são:

- *Montagem do sistema de personagens:* no qual a relação com o outro passa a ser feita pelos personagens, enquanto o Eu anulado fica na posição de observador.
- *Mecanismo de cisão:* em que o corpo visceral e o corpo muscular estão cindidos, tendo a área mental como ponte de contato. Essa cisão resulta nos dois Eus divididos: observador e operativo. Assim, ele se refugia no corpo visceral e amortece o corpo muscular (emocional).
- *Mecanismo de robotização:* no qual passa a controlar mentalmente todas as atitudes e posturas. Estabelece um domínio da mente sobre o corpo.
- *Mecanismo contrafóbico:* em que agride, de forma preventiva, para paralisar o possível agressor, em decorrência da sensação de ameaça projetada no mundo externo. A agressividade é baseada na emoção básica de medo.
- *Mecanismo de coisificação:* é o ato mágico pelo qual transforma, a seus olhos, o outro e a si mesmo, de corpo vivo em corpo inanimado, de pedra, palha, pano, madeira, boneco etc. Como conseqüência, passa a viver a angústia da despersonalização, num mundo desumanizado.

PSICOTERAPIA DO ESQUIZÓIDE

Como vimos, o Mecanismo de Cisão é o principal fator constitutivo na formação da estrutura básica do esquizóide e é fenômeno responsável pela fragmentação do *self*, dividindo-o em dois Eus cenestésicos, equivalentes ao Eu observador e ao Eu operativo no território psicológico.

O objetivo da Psicoterapia do Esquizóide é a integração entre o Eu observador e o Eu operativo, resultando na fusão do self cindido.

Segue a seqüência normal de todo processo de terapia. A Análise Psicodramática utiliza como método a pesquisa intrapsíquica e apresenta três fases: de autoquestionamento, das divisões internas e cenestésica.

É na fase das divisões internas que a cisão entre o Eu observador e o Eu operativo se torna mais evidenciada.

A principal divisão interna observada nesse caso é entre vontade *versus* medo; toda vontade tende a ser bloqueada e contraposta pelo medo.

Essa configuração do Eu cindido apresenta uma dinâmica diferente da divisão interna dos quadros neuróticos. Lembremo-nos de que, na neurose, as divisões internas apresentam conteúdos relativos ao Eu *versus* Figura de Mundo Interno (FMI) e a resolução ocorre pelo enfrentamento da FMI.

Na dinâmica do esquizóide, acoplada a uma configuração de Divisão Interna (Eu dividido), surge a cisão do Eu cenestésico (Eu cindido). Nesse momento, estamos trabalhando na própria cisão estrutural manifesta no psicológico como Eu operativo e Eu observador.

Assim, o trabalho com o Eu operativo chega a um ponto em que não há mais saída para a resolução da divisão interna, porque existe uma lei anterior: o esquizóide, a quem, a princípio, não foi concedido o direito de existir, não se sente no direito de ter vontades. O medo está intrinsecamente vinculado a essa lei primitiva, o que leva a uma situação psíquica de sem saída e de concordância. A cisão do Eu cenestésico é prevalente sobre a divisão interna.

Nessa fase, iniciam-se os procedimentos terapêuticos específicos para tratar o esquizóide. Esses procedimentos são utilizados durante todo o processo de terapia, concomitantemente ao manejo específico das defesas esquizóides mobilizadas no decorrer do processo.

A seguir, proponho uma sugestão de estratégia psicoterápica na abordagem de um paciente esquizóide:

1. Inicialmente, como em toda terapia, é fundamental que o terapeuta estabeleça a rede de sustentação emocional que chamamos de Clima Terapêutico, e, no caso do esquizóide, o vínculo com o Eu operativo. O Eu observador, embora presente, não está acessível nessa fase inicial. Após o trabalho com o Eu operativo, quando este chega ao limite, começam a emergir os conteúdos vinculados ao Eu observador, que se manifestam por angústias primitivas, sensações de desespero, medo e sem saída.

Nesse momento, que equivale à fase das Divisões Internas, é fundamental uma aliança do terapeuta com o Eu observador para que o esquizóide possa confiar no terapeuta e diminuir seu medo de ser anulado e aniquilado. Essa aliança baseia-se, por um lado, no clima de continência e, por outro, numa aliança mental no sentido de o terapeuta proporcionar as verdadeiras explicações para a compreensão de tão intenso medo.

Devemos sempre nos lembrar de que o esquizóide é um paciente de difícil contato, uma vez que o Eu operativo interage tanto na vida como na terapia, sob constante supervisão (controle) do Eu observador, e utiliza a intermediação de seus sistemas de defesa: robotização, mecanismo fóbico ou contra-fóbico, sistema de personagens ou mecanismo de petrificação, que funcionam como entraves no processo da terapia.

Além disso, sabemos que, ao montar um personagem, o esquizóide passa a interagir de forma dissimulada e, com sua capacidade sensorial (intuição), capta o que outros precisam ou esperam dele para sentir-se aceito, montando, dessa forma, um padrão relacional. Esse padrão relacional dissimulado está presente, também, na relação terapêutica. O esquizóide "sabe", intui, como deve ser para agradar, impressionar e impactar o terapeuta. Este depara, também, com o difícil acesso ao esquizóide, em virtude do discurso artificial (dissimulado ou dissociado) que ele apresenta, falando sobre si mesmo como se fosse uma terceira pessoa. E, ainda, manifesta no *setting* terapêutico uma proposta de relação encoberta de se relacionar sem se expor.

O que queremos deixar claro nessa proposta de manejo terapêutico é que o terapeuta interage com o Eu operativo, que apresenta essa forma de funcionar no campo relacional, mas a partir do momento em que o Eu observador se torna acessível, a aliança terapêutica precisa ser feita e mantida durante todo o processo de terapia.

2. Feita a aliança com o Eu observador, inicia-se o processo de conscientização e explicação de que a ameaça de destruição é oriunda da fase intra-útero, projetada para o ambiente externo. A prova disso é que a ameaça sentida é sempre desproporcional à possível ameaça real.

Não devemos nos esquecer de que o esquizóide tem uma percepção distorcida do ambiente externo. Para ele, o outro, o mundo, são sempre ameaçadores, e, na tentativa de compreender essa sensação, ele acaba criando uma série de explicações improcedentes.

Na medida em que trabalhamos sua percepção, ele vai, gradativamente, tomando consciência de que a sensação de ameaça é uma vivência interna sem correspondência com o externo.

Paralelamente a isso, vamos ajudá-lo a desmontar todo um constructo teórico explicativo, que foi construído nesse período, para justificar ou mesmo racionalizar o motivo da sensação de ameaça.

Na medida em que vai corrigindo sua percepção e desmontando suas racionalizações, ele vai deixando de ter onde ancorar suas explicações, mas continua tendo a sensação de medo sem origem.

Dessa maneira, surge uma sensação de medo difuso e, se a causa não foi devidamente conscientizada pelo terapeuta, o esquizóide acaba tendo uma sensação de desorganização cognitiva e de loucura.

O foco da terapia passa, agora, a centrar-se na explicação da origem do medo e na ancoragem dessa sensação dentro da estrutura psíquica do paciente, correlacionada e proporcional às vivências de tempo passado (vivências intra-útero).

Esse procedimento focado nas áreas mente e ambiente (percepção) diminui a possibilidade de mobilização das defesas intrapsíquicas do tipo fóbico ou contrafóbico no *setting* terapêutico. O manejo dessas defesas vai sendo feito concomitantemente aos procedimentos de conscientização e explicação da verdadeira origem do medo.

Como sugestões técnicas, destacamos:

- Conscientização e explicação por parte do terapeuta – foco área mente.

- Correção da percepção – foco área ambiente.
- Tomada de papel com questionamento.
- Átomo social e familiar.
- Princípio do espelho.
- Espelho acoplado com cenas de descarga.

Foco da terapia
Correção da percepção e das explicações
Origem para a sensação de ameaça

3. Uma vez feita essa conscientização/explicação e tendo ela sido aceita pelo paciente, o terapeuta deve apoiá-lo e estimulá-lo a avaliar e identificar seus medos e, de forma consciente e racional (mental), começar a fazê-lo "desobedecer à sensação de ameaça internalizada".

Trata-se de um processo demorado, que precisa ser repetido muitas vezes. A cada situação (vontade *versus* medo), a sensação deve ser identificada e o paciente deve ser estimulado a desconsiderá-la oriunda do tempo presente, para, gradativamente, começar a desobedecer ao comando do Eu observador.

Como vimos, o que prevalece é o registro da sensação mais primitiva, de não-acolhimento da vivência intra-útero.

Sobre todas as outras vivências registradas durante a fase do desenvolvimento dos modelos, prevalece a soberania das vivências do Eu cenestésico cindido.

A aliança com o Eu observador é fundamental para que o paciente, além de entender e aceitar que essa sensação foi registrada na fase intra-útero, sob a influência do clima afetivo da mãe biológica, sinta continência suficiente para enfrentar o medo e começar a desobedecer à sensação de ameaça internalizada.

Manejo principal:

- Clareamento.
- Técnica do espelho que retira.

Foco da terapia
Discriminar vivências de tempo passado e tempo
presente via autopercepção e bom senso
Localizar o medo via área mente
Desobedecer ao comando do Eu observador

4. Resulta desse processo que, pela experimentação, na vida real, o esquizóide vai cunhando uma nova sensação de ser acolhido e aceito.

É somente com base nessa experimentação, em ousar desobedecer ao comando do Eu observador para enfrentar o medo e realizar uma ação da vontade, que desencadeia o conflito "Ser destruído *versus* Ser aceito" e emerge o material cenestésico.

É, portanto, a fase da terapia em que o paciente, por meio do sonho ou da sensação, entra em contato com o clima psicológico inibidor registrado em seu mundo cenestésico, o que possibilita a intervenção terapêutica direta na área corpo.

Até então, embora o esquizóide vivencie a sensação de Angústia Ontológica com todo o terror de ser destruído, não apresenta conflito passível de ser abordado. Ou o conflito está bloqueado por algum dos sistemas de defesa ou está manifesto como Angústia difusa, principalmente sob a forma de sensação de desespero e sem saída.

Nessa fase da terapia, na medida em que, por um lado, o indivíduo se calca na experiência de se expor e de ser visto na vida real e, por outro, trabalha suas sensações primitivas, ele vai perdendo o medo exacerbado de ser destruído e, conseqüentemente, funde o Eu observador com o Eu operativo.

Paralelamente a esse manejo na área corpo, dá-se continuidade à intervenção terapêutica com foco na percepção, no clareamento de suas sensações e no manejo dos mecanismos de defesa mobilizados.

Nessa fase, utilizamos como técnicas psicoterápicas, principalmente:

- Sensibilização corporal.
- Psicodrama interno.
- Decodificação dos sonhos.
- Técnicas de espelho para o manejo das defesas.

Queremos ressaltar que tanto o psicodrama interno como a decodificação dos sonhos são de fundamental importância, pois permitem ao terapeuta acessar a memória somática registrada no universo cenestésico visceral do paciente, tanto pela via corporal como pela via simbólica.

Foco da terapia
Experimentação nas situações de vida real
Trabalho na área corpo (contato com o clima inibidor)

A sensação de ameaça de existir e pertencer vai sendo substituída pela sensação de acolhimento e pertencer produzida pela vivência prática de expor-se sem o anteparo dos mecanismos de defesa.

No território psicológico, a fusão do Eu observador com o Eu operativo permite ao esquizóide tomar posse do seu corpo, das suas relações e da própria vida. No território cenestésico, a integração dos Eus cenestésicos cindidos é o processo pelo qual o *self* encarna no corpo, ocorrendo o nascimento existencial e psicológico. É o que possibilita ao esquizóide começar a desenvolver a sensação nova de ter direito de pertencer e, assim, começar a fortalecer sua identidade e seu senso de autonomia.

Dessa forma, são legitimadas as ações do Eu operativo do esquizóide, o que modifica essencialmente sua sensação de ser um blefe, um impostor. Provoca-lhe grande alívio reconhecer que o que construiu até então é verdadeiro e real e pode ser incorporado à sua identidade.

Em síntese, a resolução da Psicodinâmica do Esquizóide inicia-se com a fusão do Eu observador com o Eu operativo, sua identidade vai sendo fortalecida com a integração dos dois Eus cenestésicos e culmina com a conquista de sua anistia, sua libertação, seu direito de entrar na vida, de existir, pertencer e exercer suas vontades.

Temos priorizado, na Análise Psicodramática, o trabalho com sonhos no processo de terapia do esquizóide e de outros pacientes, com o foco em seu núcleo esquizóide, e esse trabalho tem rendido bons resultados.

4. Psicopatologia e psicodinâmica do narcisismo

Podemos abordar a questão do Narcisismo normal e patológico sob vários enfoques, a saber:

- Psicopatologia psiquiátrica – como descrição de sintomas e comportamentos.
- Psicopatologia psicanalítica ou psicodinâmica – como critérios para leitura da psicodinâmica com base em várias teorias de desenvolvimento. Também aborda o tema das defesas narcísicas.
- Psicanálise freudiana – no decorrer de sua obra, Freud aborda o tema sob a ótica do narcisismo original, do narcisismo primário e do narcisismo secundário.

Neste capítulo apresento considerações sobre o narcisismo, com um enfoque específico: psicopatologia, psicodinâmica e evolução do núcleo narcísico com base na teoria de desenvolvimento da Análise Psicodramática.

Apresento, também, considerações sobre a postura do terapeuta e os procedimentos terapêuticos para tratar a patologia narcísica, segundo essa abordagem.

Na didática apresentada nos capítulos anteriores, foram recapitulados, de forma bastante sucinta, conceitos e definições já conhecidos, para contextualizar e desenvolver nossa compreensão sobre o tema. Neste capítulo sigo a mesma didática.

NARCISISMO: OS VÁRIOS ENFOQUES

Enfoque da psicopatologia psiquiátrica: essa abordagem denomina esse quadro de Transtorno de Personalidade Narcísica, e apresenta como critérios para diagnóstico:

- Um padrão generalizado de grandiosidade (em fantasia ou comportamento), necessidade de admiração e falta de empatia.
- Sentimento grandioso da própria importância (exagera realizações e talentos e espera ser reconhecido como superior, sem realizações comensuráveis).
- Preocupação com fantasias de ilimitado sucesso, poder, inteligência, beleza ou amor ideal.
- Crença de ser "especial" e único, e de que somente pode ser compreendido por – ou deve associar-se a – outras pessoas especiais ou de condição elevada.
- Exigência de admiração excessiva.
- Sentimento de intitulação, ou seja, possui expectativas irracionais de receber tratamento especial.
- É explorador em relacionamentos interpessoais, isto é, tira vantagem dos outros para atingir seus próprios objetivos.

- Ausência de empatia. Reluta em reconhecer ou identificar-se com sentimentos ou necessidades alheios.
- Freqüentemente sente inveja de outras pessoas ou acredita ser alvo de inveja alheia.
- Comportamento e atitudes arrogantes e insolentes. (DSM IV, 1995, p. 276)

Transcrevo esses critérios para demonstrar que essa abordagem apresenta coerência teórica na descrição dos sintomas que definem o diagnóstico do Transtorno de Personalidade Narcisista, mas pouco nos auxilia na clínica psicoterápica. Primeiro, porque não tratamos os sintomas, mas a psicodinâmica subjacente aos sintomas e, segundo, porque em muitos outros quadros da psicopatologia observamos sintomas, comportamentos ou sentimentos semelhantes. Quero ressaltar que essa abordagem apresenta coerência teórica, pois norteia sua terapêutica baseada na remissão dos sintomas.

Enfoque da psicopatologia psicanalítica e/ou psicodinâmica: vários autores de orientação psicodinâmica e/ou psicanalítica escrevem sobre o narcisismo, baseados em uma específica teoria de desenvolvimento psicológico.

Nas palavras de Gabbard (1998, p. 327): "[...] A literatura psicodinâmica sobre o Transtorno Narcisista de personalidade é um tanto confusa pelo fato de o rótulo parecer se aplicar igualmente bem a pacientes com quadros clínicos bem diferentes".

Observamos que diferentes quadros dentro da psicopatologia psicodinâmica são rotulados como narcisistas, como o *borderline*, o hipocondríaco e o paranóide. Para nos confundir ainda mais, notamos, hoje, na literatura sobre o tema, uma tendência "até engraçada" em estabelecer subtipos para facilitar (complicar, penso eu) o diagnóstico e a terapia. A título de exemplo, essa abordagem descreve o narcisista fálico, o narcisista ávido, o narcisista paranóide ou, ainda, o narcisista distraído, o narcisista hipervigilante... No aspecto da compreensão dinâmica, a principal controvérsia teórica diz respeito aos modelos apresentados pela teoria da psicologia do *self*, de Kohut, e o modelo teórico apresentado por Kernberg.

Abstenho-me propositalmente de abordar esses conceitos por serem teorias já bastante conhecidas e difundidas entre os teóricos que estudam o tema.

Enfoque da psicanálise (Freud): recordo, aqui, somente a concepção sobre o narcisismo apresentada por Freud por constituir o substrato teórico básico sobre o qual inúmeros terapeutas pós-freudianos, como também de outras abordagens, desenvolveram suas teorias sobre o tema.

Em 1910, nos escritos sobre perversões sexuais (parafilias), Freud desenvolve o conceito de narcisismo na concepção do auto-erotismo. Em 1911, ao apresentar o caso Schereber, reforça o mesmo ponto de vista ao discutir o homossexualismo. Formula que nessa patologia o indivíduo toma a si mesmo e a seu corpo como objetos de amor erótico. Assim, reafirma o conceito de narcisismo primário na acepção do auto-erotismo. Em 1914, apresenta um texto muito interessante sobre o tema, intitulado "Sobre o narcisismo: uma introdução", que, no meu entender, é o melhor texto. De forma muito condensada, descreve o narcisismo sob vários enfoques, ampliando muito a compreensão apresentada até esse momento.

Começa reforçando a posição teórica apresentada em escritos anteriores, ao postular: "O narcisismo passa a significar uma perversão que absorveu a totalidade da vida sexual do indivíduo, exibindo as características que esperamos encontrar no estudo de todas as perversões" (Freud, 1974, p. 89). "Procuram a si mesmos como objeto amoroso, e exibem um tipo de escolha objetal que deve ser denominado narcisista. Nessa observação temos o mais forte dos motivos que nos levaram a adotar a hipótese do narcisismo (Freud, 1974, p. 104)". Amplia consideravelmente o tema ao afirmar que, provavelmente, a libido descrita como narcisismo talvez estivesse presente em muito maior extensão, podendo mesmo reivindicar um lugar no curso regular do desenvolvimento sexual humano.

Prosseguindo em suas reflexões, faz um questionamento importante: "Qual a relação entre o narcisismo, que por hora tratamos, e o auto-erotismo, que descrevemos como um estado inicial da libido?"

Esboça uma tentativa de elucidar essa questão ao afirmar:

[...] Posso ressaltar que estamos destinados a supor que o Ego não pode existir no indivíduo desde o começo. O ego tem de ser desenvolvido. Os instintos (pulsões) auto-eróticos, contudo, ali se encontram, desde o início, sendo, portanto, necessário que algo seja adicionado ao auto-erotismo – uma nova ação psíquica – a fim de provocar o narcisismo. (Freud, 1974, p. 93)

No decorrer do texto, levanta outra questão relevante: "O que é absolutamente necessário para a nossa vida mental ultrapassar os limites do narcisismo e ligar a libido a objetos?"

A resposta é clara e direta: "Essa necessidade surge quando a catexia do Ego com a libido excede certa quantidade". Em outras palavras, o caminho natural seria direcionar a libido para o objeto. Nesse ponto, começa a abordar o tema do narcisismo sob a ótica do amor objetal, portanto, do narcisismo primário associado à auto-estima.

Fato observado na afirmação:

> [...] Dizemos que um ser humano tem originalmente dois objetos sexuais – ele próprio e a mulher que cuida dele – e ao fazê-lo estamos postulando a existência de um narcisismo primário em todos, o qual, em alguns casos, pode manifestar-se de forma dominante em sua escolha objetal. (Freud, 1974, p. 104-5)

Em suas palavras (1974, p. 107): "[...] o encanto de uma criança reside em grande medida em seu narcisismo. As crianças, partindo de seu próprio narcisismo, podem dar um amor objetal completo".

Uma pessoa pode amar em conformidade com o tipo narcisista:

- o que ela própria é (isto é, ela mesma);
- o que ela própria foi;
- o que ela própria gostaria de ser;
- alguém que foi, uma vez, parte dela mesma.

Assim, Freud (1974, p. 107) lança os pressupostos do narcisismo primário: "Se prestarmos atenção na atitude dos pais afetuosos para com os filhos, temos de reconhecer que é uma revivência e reprodução de seu próprio narcisismo, que há muito abandonaram. A criança concretizará os sonhos 'dourados' que os pais jamais realizaram".

"Sua majestade, o bebê", como outrora nós mesmos nos imaginávamos. O menino se tornará um grande homem e um herói em lugar do pai, e a menina se casará com um príncipe como compensação para sua mãe (sistema narcísico).

"O amor dos pais, tão comovedor e no fundo tão infantil, nada mais é senão o narcisismo dos pais renascido, o qual, transformado em amor objetal, inequivocamente revela sua natureza anterior" (1974, p. 108).

Apresenta, ainda, nesse texto, o conceito de ego ideal.

[...] O narcisismo do indivíduo surge deslocado em direção ao Ego Ideal, o qual, como o Ego Infantil, se acha possuído de toda perfeição e valor. Ele não está disposto a renunciar à perfeição narcisista de sua infância, quando ao crescer se vê perturbado pelas admoestações de terceiros e pelo despertar de seu próprio julgamento crítico, de modo a não mais poder reter aquela perfeição. Procura recuperá-la sob a nova forma de um Ego Ideal. O que ele projeta diante de si como seu ideal é o substituto do narcisismo perdido de sua infância na qual ele era seu próprio ideal. (Freud, 1974, p. 116)

Formula uma distinção entre pulsões sexuais e pulsões de ego, e argumenta que devemos reconhecer que a auto-estima depende intimamente da libido narcisista.

A escolha objetal narcisista consiste em ser amado. Um indivíduo que ama priva-se, por assim dizer, de uma parte do seu narcisismo, que só pode ser substituída pelo amor de outra pessoa por ele. Sob todos esses aspectos, a auto-estima parece ficar relacionada com o elemento narcisista do amor. (Freud, 1974, p. 116)

Em 1915, na elaboração do segundo tópico, Freud reorganiza seus conceitos sobre o narcisismo, ligado ao auto-erotismo, e denomina-o narcisismo secundário. Nesse texto, mantém o conceito formulado de narcisismo primário, ligado à auto-estima (amor).

Observamos que no decorrer de sua obra, ainda que de forma pouco sistematizada, Freud apresenta todos os pressupostos teóricos para compreender o narcisismo.

Sintetizo, assim, a compreensão do narcisismo na psicanálise freudiana:

1. Narcisismo original – ligado à pulsão sexual.
2. Narcisismo primário – ligado à auto-estima (amor).
3. Narcisismo secundário – ligado ao auto-erotismo.
4. Narcisismo como defesa – ligado ao conceito de ego ideal.

Esse legado deixado por Freud muito nos auxilia a reconhecer e analisar com clareza, na vasta literatura, o enfoque que o autor privilegia ao desenvolver sua teoria sobre a questão do narcisismo normal e patológico. Como citei anteriormente, os dois mais conceituados autores sobre esse assunto – Khout e Kernberg – apresentam em suas teorias muitos pontos divergentes, mas ambos tocam a questão do narcisismo com base no enfoque do narcisismo primário, relativo ao amor próprio e à auto-estima. Outros autores, como Lowen, da bioenergética, tendem a privilegiar o enfoque da defesa narcísica relativa ao ego ideal, à máscara narcísica.

PSICOPATOLOGIA E PSICODINÂMICA DO NARCISISMO NA ANÁLISE PSICODRAMÁTICA

Definimos a psicopatologia do narcisismo como Patologia da Percepção, incluindo a autopercepção e a percepção externa. É, portanto, uma patologia decorrente da má integração da área ambiente.

Na Análise Psicodramática, a psicopatologia, como apresentada em capítulos anteriores, é subdividida em *patologia estrutural* (formação dos modelos e das áreas durante a fase cenestésica do desenvolvimento psíquico) e *patologia psicológica* (psicodinâmica estruturada durante a fase psicológica do desenvolvimento).

Neste estudo sobre o narcisismo, clareamos e sistematizamos melhor a patologia das áreas psicológicas, em especial a estruturação da área ambiente, principalmente na parte em que se refere à integração dos três modelos.

Trabalhamos com o conceito de narcisismo original compreendido como vivência oceânica, vivência cósmica, de plenitude. Denominamos o narcisismo original de núcleo narcísico.

Entendemos que, no decorrer do desenvolvimento, a evolução do núcleo narcísico ocorrerá de qualquer maneira; a patologia – ou não – dependerá de como acontecerá essa evolução.

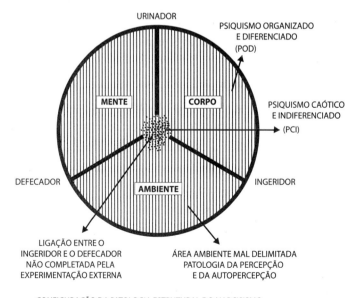

CONFIGURAÇÃO DA PATOLOGIA ESTRUTURAL DO NARCISISMO

Patologia estrutural do narcisismo

No desenvolvimento psicológico saudável, temos, dos 3 meses aos 8 meses de vida, o Modelo do Ingeridor estruturado e o Modelo do Defecador em fase final de estruturação.

Com o estabelecimento do limite exteroceptivo (sistema de relacionamento do indivíduo com o seu meio ambiente) e da descoberta do *Exoral* (espaço extracorporal, limite oral), a área ambiente correspondente ao Modelo do Ingeridor já fica delimitada, bem como a aura do Ingeridor (capacidade de incorporar conteúdos desvinculada da capacidade do incorporar somático – modelo de todos os processos de incorporação) já está em pleno funcionamento.

Com o objetivo de diferenciar a patologia dos modelos e da patologia das áreas, discorro um pouco mais sobre a formação e a delimitação da área ambiente.

Entendemos a má-estruturação ou a não-delimitação dessa área como pressuposto teórico básico para a compreensão do narcisismo saudável e patológico no seu aspecto estrutural.

Começo explicando de forma sucinta a formação da área ambiente ligada ao Modelo do Ingeridor. Claro está que, quando digo área ambiente, estou me referindo aos processos perceptivos. Após a estruturação do Papel do Ingeridor, a criança descobre o primeiro espaço extracorporal, denominado por Rojas-Bermúdez de *exoral*.

A percepção cenestésica do espaço exoral é o elemento fundamental que estrutura a delimitação da área ambiente ligada a esse modelo. Como conseqüência, a criança não confunde mais as sensações do seu corpo com as sensações oriundas do ambiente externo.

Nas palavras de Rojas-Bermúdez:

> [...] antes da descoberta do Exoral todos os cuidados com que a mãe e o meio brindam a criança são sentidos como fazendo parte de si mesma. Por exemplo, se a criança está molhada e sente frio, a mãe, ao trocá-la, complementa necessidades de calor e restabelece a sensação de bem-estar. Para a criança, esse fato é sentido como uma passagem do frio desprazeroso ao calor prazeroso e nada mais. Ao estabelecer-se o Exoral, esta mudança é atribuída a esse ambiente que se chama Exoral. A mãe, como tal, ainda não existe para a criança. (Rojas-Bermúdez, 1978, p. 34)

> O conteúdo que até agora era sentido como algo próprio, interior, passa por influxo dos exteroceptores, a ser sentido como externo e alheio. A criança está começando a descobrir o que não é "si mesma". Dessa forma, a fome e a saciedade, por exemplo, que formavam parte de si mesma, passam agora a depender do exoral. Passa-se de uma etapa na qual se confundem as sensações do corpo com as do ambiente, para outra em que certo tipo de sensação é experimentado como alheio e cria dependência e interação. (Rojas-Bermúdez, 1978, p. 29)

A noção baseada na percepção visceral do ambiente e a sensação de dependência e interação possibilitam que o narcisismo original, entendido como vivência oceânica ou cósmica, siga seu caminho natural de desenvolvimento, nessa fase ainda em território cenestésico.

A não-percepção visceral do limite exteroceptivo e do exoral ocasiona como conseqüência a má-estruturação da área ambiente ligada a esse primeiro modelo, não diferencia o sentir do perceber, o que leva a bloqueio na evolução do narcisismo original e constitui a base rudimentar cenestésica da patologia narcísica. Se conceituarmos o narcisismo patológico como uma patologia da percepção, teremos de considerar a formação da primeira parte da área ambiente (Modelo do Ingeridor) como fator causal, embora não determinante, para a patologia narcísica.

O desenvolvimento continua. Estamos, agora, com nossa criança aos 8 meses, no final da estruturação do Modelo do Defecador. O mecanismo desse modelo, como já foi visto, apresenta uma parte interna, de criação e elaboração, e uma parte ligada ao externo, de expressão e comunicação (depositação).

A delimitação da área ambiente, ligada a esse modelo, ocorre concomitantemente com o início da estruturação do Modelo do Urinador. É exatamente essa fase que Moreno, na teoria da Matriz de Identidade, chamou de brecha entre fantasia e realidade. E é exatamente essa a fase determinante para a evolução do núcleo narcísico (narcisismo original) ou para o estabelecimento da patologia estrutural do narcisismo.

PATOLOGIA DA ÁREA AMBIENTE – LIGADA AO MODELO DO DEFECADOR

A delimitação e a integração da área ambiente ocorrem a partir da sensação advinda da experimentação sensorial no meio externo, não mais da sensação cenestésica, como na Fase do Ingeridor.

O Modelo do Ingeridor não tem ligação com o Modelo do Defecador. Essa ligação deveria se dar pelas sensações cenestésicas, mas, em virtude da pouca inervação do intestino delgado (jejuno e íleo), ela não é feita no mundo interno, mas sim pela experimentação interativa com o mundo externo (Silva Dias, 2006, p. 38).

A explicação somática para esse fato é que a pouca inervação do intestino delgado não gera descargas tensionais significativas para estabelecer marcas mnêmicas, ou seja, registros cenestésicos.

Considerando essa a fase determinante, responsável pela patologia estrutural do narcisismo e, ainda, que essa noção é de fundamental importância para a compreensão da patologia psicológica do narcisismo, decidi me estender um pouco mais. Mesmo sabendo que o interesse sobre o tema é totalmente voltado para a patologia psicológica do narcisismo, mantenho o caminho escolhido na tentativa de fundamentar melhor as características psicológicas e as defesas utilizadas pelo narcisista.

Retorno ao aspecto somático, recordando que a defecação dirige a atenção da criança para o meio externo. Inicia-se a descoberta do exanal – entendido como continuação do espaço interior, segundo espaço extracorporal e segundo limite exteroceptivo.

Nesse momento, existem duas relações com o mundo externo: uma oral, de dependência, e outra anal, de deposição, não existindo ainda entre elas uma relação direta de continuidade experiencial. Ou seja, o Modelo do Ingeridor (conteúdos incorporados) não tem ligação cenestésica com o Modelo do Defecador (conteúdos depositados).

Ainda em relação ao somático, o Papel do Defecador é baseado no ciclo: surgimento (criação), oposição, descarga motora e perda. A sensação de perda, que de início é somática e só depois psicológica, é elemento significativo para a elaboração do narcisismo original.

De acordo com Rojas-Bermúdez, no aspecto somático, cada defecação será a perda (depositação) de uma parte de si mesmo. O cíbalo é a sua criação, corresponde ao primeiro processo criador do indivíduo, o princípio supervalorizado e, a seguir, ao relacioná-lo com o meio externo, reavaliado, diz Rojas-Bermúdez:

> [...] Outro fenômeno somático começa agora a acontecer. A atenção centrada no cíbalo, no trajeto intestinal, na defecação e no exanal (espaço exterior), é agora atraída pelo processo de erupção dentária, o que modifica substancialmente a experiência do comer, ao desencadear na criança a necessidade de morder independente da ingestão. A criança começa a realizar uma série de experiências com as coisas ao seu redor, inclusive com as partes do seu corpo. [...] Nestas experiências a criança descobre: consistências, formas, sabores e sensações novas. Olhos, mãos, lábios e língua participam desse processo integrador. [...] Estabelecem-se, assim, os primeiros contatos diferentes entre o exoanal e a boca. (Rojas-Bermúdez, 1978, p. 38-9)

Esses contatos são oriundos da vivência sensorial com os objetos externos por meio dos órgãos dos sentidos. Assim, pela experimentação ativa no ambiente externo, ocorre a integração de todo aparelho digestivo, particularmente a integração do segmento jejuno–íleo, que até o momento permanecia como solução de continuidade entre a ingestão e a defecação.

Recordemos mais uma vez que a parte externa do Modelo do Defecador é relativa à expressão e comunicação e, como conseqüência, à vivência de perda. Toda e qualquer comunicação ao ambiente externo leva a uma vivência de perda. Enquanto o autor está gerindo a idéia, suas possibilidades são infinitas e não transcendem. Os problemas aparecem quando o autor comunica sua idéia. Esta já não lhe pertence, e o meio pode opinar sobre ela. A crítica dá o devido valor à sua criação, diz Rojas-Bermúdez. Descrevo até aqui o desenvolvimento do Modelo do Defecador porque, muitas vezes, o diagnóstico diferencial entre a patologia estrutural do defecador e a patologia narcísica torna-se confusa. A evolução do núcleo narcísico ocorre na vigência do desenvolvimento desse modelo.

Em relação ao narcisismo, a vivência dessa experimentação interativa com o mundo externo é que determinará a patologia ou não do narcisismo. Ao tentar recuperar pela boca conteúdos depositados no mundo externo, a criança começa a diferenciar na sensação o "Eu" do "Não-Eu", o "É meu" do "Sou Eu", e a delimitar o mundo interno do mundo externo.

Essa experimentação gera intimidade e familiaridade com o ambiente externo. As sensações do modelo ocorrerão de qualquer maneira. Para a criança fazer ligação entre o dentro e o fora, ela precisa das sensações vindas da experimentação sensorial no ambiente externo e tem de ser provocada com uma ação ativa e interativa no ambiente.

Essas ações realizadas, considerando-se um desenvolvimento saudável, levam à elaboração do narcisismo, o que ocorre fundamentalmente pela noção perceptiva correta a respeito do "Como Eu sou" e de "Como o mundo é".

O principal aspecto a ser destacado nessa parte da estrutura cenestésica do narcisismo é que, com a elaboração desse núcleo, a criança ganha familiaridade e intimidade na interação com o ambiente externo, com ambientes e objetos desconhecidos, e intimidade nas relações interpessoais.

E, assim, segue seu curso natural de desenvolvimento, agora envolvida com as sensações cenestésicas do Modelo do Urinador. No decorrer dessa fase, ganha segurança em sua interação com o ambiente externo e amplia o espaço extra-corporal com a noção, agora, do exavesical.

Entendemos a patologia do narcisismo como quadro paralelo, que ocorre ligado fundamentalmente à experimentação do mundo externo. Diferenciamos a patologia dos modelos da patologia das áreas. Os modelos são estruturados a partir da interação cenestésica do bebê com um clima psicológico facilitador ou inibidor. A patologia do narcisismo é entendida como da área ambiente. Para a estruturação saudável da área ambiente é necessária a experimentação, que deve ser provocada de forma ativa no ambiente externo, compreendendo pessoas, ambientes e coisas.

O clima inibidor é também considerado fator responsável pela patologia à medida que funciona como impedimento para a experimentação. *(O clima inibidor ficará fixado à vivência de experimentação e registrado na área ambiente. Gerará uma situação em que o narcisista passará a ter medo da vivência experiencial. Em outras palavras, ele terá medo da interação com o ambiente e da avaliação que o ambiente possa fazer dele. Terá medo do teste de realidade).*

Consideramos três prováveis situações responsáveis de impedimento que bloqueiam a interação da criança com o mundo externo:

1. O essencial é o clima (afetivo) psicológico que está sendo incorporado nessa fase de experimentação. Os principais climas são os de contenção, punição e superproteção.

2. Clima incorporado e já fixado durante o desenvolvimento dos Modelos do Ingeridor e Defecador e clima que está sendo registrado. Em virtude do clima prefixado não facilitador, a criança, nessa fase, já se encontra inibida para ir em busca de experimentação no ambiente externo. Por exemplo, uma criança de mais ou menos 1 ano muito deprimida ou desenergizada não encontrará estímulo interno para provocar ação de interação com o ambiente externo ou, ainda, uma criança muito reprimida, contida na ação, não despertará a vontade de experimentar e conhecer/reconhecer o mundo externo.

3. Um ambiente externo muito pobre de recursos não desperta na criança a curiosidade em explorá-lo. Ou a criança que é mantida num ambiente externo, muito contida e sem estímulos grande parte de seu dia, ou vive numa condição de isolamento.

Deixo claro que a patologia das áreas é diferente como fator causal da patologia dos modelos. Assim, o clima psicológico inibidor incorporado e registrado na estruturação dos modelos influenciará na interação com o ambiente externo, mas não será o responsável principal por essa patologia. A patologia da área ambiente é decorrente do clima vivenciado na experimentação ativa e na interação com o ambiente externo. Esse clima é fixado durante a ação desencadeada no mundo externo.

O ambiente externo é vivenciado como hostil. A criança tem medo do teste de realidade. O clima não bloqueia a experimentação, mas cada vez que a criança parte para agir no mundo externo, ela reativa o clima já fixado. Isso gerará tensão interna, sensação de insegurança e medo da punição ou da hostilidade do ambiente externo.

A superproteção também funciona como um clima de contenção e acarreta ansiedade e insegurança na criança ao ter de agir no ambiente externo.

Em virtude desses impedimentos, ressaltando o clima de punição, contenção e superproteção vivenciado durante essa fase, o narcisismo original ou núcleo narcísico não evolui, pelo contrário, fica estruturada a patologia narcísica.

Graficamente, podemos demonstrar assim:

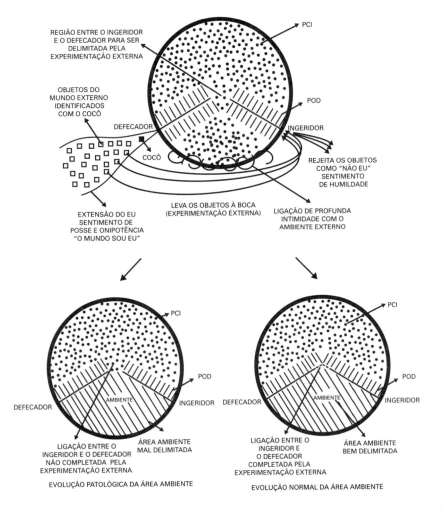

Portanto, a patologia estrutural do narcisismo tem como base central a percepção distorcida a respeito de si mesmo e do mundo, em virtude da não-integração da área ambiente, e as sensações de medo e insegurança em agir no ambiente externo e ser avaliado e punido.

Patologia psicológica do narcisismo

A patologia psicológica é decorrente da patologia estrutural. Assim, a vivência do clima inibidor de punição ou contenção, que inibe a experimentação ativa no ambiente externo, traz várias conseqüências que se manifestam na esfera psicológica.

No plano psicológico, a correspondência da patologia estrutural do narcisismo evidencia-se de diversas formas:

1. O bloqueio da ação interativa com o ambiente externo faz que a pessoa com essa patologia fique tentando decifrar, com teorias, como seria avaliada pelo mundo externo se partisse para a ação.

Assim, monta o conceito de identidade sem levar em conta o mundo externo; daí decorre a patologia da percepção de si mesmo e do mundo. Monta seu sistema de crenças de forma distorcida porque não faz a experimentação no mundo externo, ou, se faz, racionaliza de tal forma que anula a resposta ou ignora a avaliação do mundo externo, cristalizando seus conceitos a respeito de si mesmo e do mundo. O narcisista, pela patologia estrutural, ou evita testar ou não aceita o resultado se este for diferente do esperado. Às vezes, não evita, mas sempre que se lança para agir no mundo externo vivencia o clima inibidor fixado na fase cenestésica da evolução do núcleo narcísico.

Não se submete à soberania da realidade. O mundo externo (o outro) tem de ser como ele quer ou como acha que deveria ser. Como conseqüência, não aceita o limite de realidade. Apresenta no plano psicológico uma intensa dificuldade em aceitar o "Não Externo", o limite que a realidade lhe impõe. No processo de interação, começa a desenvolver subterfúgios mentais para continuar pensando que o mundo externo continua em seu poder, que tem o controle sobre ele.

O comportamento de birra, natural nessa fase do desenvolvimento, torna-se prevalente. É a birra narcísica decorrente do narcisismo contrariado, que pode evoluir para a fúria narcísica. O ingrediente básico para aceitar o limite é a percepção correta de que o mundo externo é separado e soberano em relação ao mundo interno (ao *self*).

2. Outro aspecto decorrente da patologia estrutural é relativo à sensação de perda. A perda somática é vivida no psicológico como sensação de perda da onipotência, que nada mais é do que a perda da ilusão da condição de especial, de perfeito, da ilusão narcísica.

3. Sensação de ser especial. É outra característica marcante no narcisismo. O narcisista não se compara com os outros, investe em ser diferente, parte do princípio de que é especial. O universo na referência do narcisista é constituído de três categorias: os humanos, os deuses e os semideuses. Ele se percebe no território dos semideuses, portanto, feito de um barro diferente dos humanos comuns.

Em sua acepção, as regras e normas do mundo humano (comum) não valem para ele. Monta suas crenças, conceitos e teorias sem levar em conta o mundo externo. "O mundo está errado e eu estou certo".

"Sua majestade, o bebê", como dizia Freud, continua reinando no mundo dos humanos, sem trono e sem coroa. O que o mantém é sua percepção distorcida a respeito de si e do mundo; o conceito de si, desprovido da sustentação da realidade. Não adquire a noção de que não é o centro do mundo, que para evoluir precisa compor-se com o mundo externo. O medo de experimentar, de ser avaliado, constitui sentimento arraigado na patologia narcísica.

Mecanismos de defesa no narcisismo

Na Análise Psicodramática, definimos três mecanismos de defesa do ego que o narcisista utiliza intensamente para sustentar sua patologia.

1. Defesa mental de racionalização, intelectualização e idealização (área mente).
2. Defesa de evitação (área ambiente).
3. Defesas de emoções reativas (área corpo).

1. *Defesa mental:* entendida como exacerbação do conceito de identidade a respeito de si e do mundo. "Como é" e "Como sou" são substituídos por "Como gostaria que fosse", "Como gostaria de ser". Os principais mecanismos egóicos que operam nessa defesa de área mente são a racionalização, a intelectualização e as justificativas.

O narcisismo patológico reside na discrepância entre o autoconceito e o conceito que o outro tem dele, e na percepção distorcida sem embasamento na realidade: "Como gostaria de ser" *versus* "Como realmente é".

A percepção é uma função da mente, também responsável por criar imagens. O narcisista cria imagens de perfeição, poder, beleza, inteligência etc. A auto-imagem/autoconceito reais não foram constituídos. Em virtude da não-ligação visceral entre mundo interno e externo não se sente seguro para se testar na realidade, evita ser avaliado por si mesmo e pelo outro, evita a autocrítica e a crítica dos outros. Outro mecanismo que opera nessa defesa do ego é de idealização; assim, constrói a imagem idealizada e não confronta real *versus* ideal. A condição "ser especial" é uma construção mental baseada nesses mecanismos de racionalização e idealização. O narcisista não se sente especial. Podemos dizer que ele "se pensa" especial. Assim, apresenta excessiva dependência de admiração e aprovação extremas. Torna-se o seu próprio mundo, pensa-se especial e acredita que o mundo é ele, ou que ele está certo e o mundo está errado.

O principal investimento reside em mudar ou questionar o mundo para adequá-lo às suas convicções e aos seus construtos teóricos ou para manter-se na posição de não-interação.

Dessa forma, com a estruturação da defesa narcísica de área mente (exacerbação do conceito de identidade), o narcisista monta um falso *self*, ou o que se denomina máscara narcísica. Apresenta autoconceito supervalorizado, grandioso, idealizado, muitas vezes comportamento especial e diferente que não tem comprovação na realidade.

A defesa é exatamente para não confrontar fantasia *versus* realidade. Não desenvolve o livre trânsito entre fantasia e realidade. A defesa narcísica funciona como máscara de orgulho, perfeição, auto-suficiência, soberba e onipotência, sustentada por autoconceito rígido e inquestionável.

Em resumo, a autopercepção distorcida e o medo da experimentação embasam toda a patologia narcísica.

Quando acontece de desmoronar a fachada ou o conceito de identidade narcísica, vêm à tona sentimentos de isolamento, perda, inadequação e, principalmente, de falta de intimidade com as pessoas, e de familiaridade, no sentido de não se sentir à vontade nos ambientes. Essas sensações são provenientes da patologia estrutural. Essa defesa é a mais poderosa das defesas egóicas para sustentar o narcisismo.

2. *Defesa de evitação:* é um mecanismo consciente e/ou deliberado. O narcisista evita se expor e se testar no mundo externo. Tem medo de provocar ações que possam questionar ou mesmo refutar suas verdades absolutas.

3. *Defesa de emoções reativas:* como não vive isolado e, como todos, submete-se às leis da natureza, muitas vezes a realidade mostra ser soberana em relação às suas vontades. Ao ter de lidar com a frustração, desenvolve uma forma de defesa que, na dinâmica das emoções, chamamos de emoções reativas.

Com base no conceito de brecha entre fantasia e realidade de Moreno, Victor Dias sistematizou a evolução do narcisismo original, denominado Núcleo narcísico, e a resolução do narcisismo patológico. Segundo o autor, a evolução do núcleo narcísico, no aspecto psicológico, ocorre entre os 3 e os 6 anos de idade, na fase intuitiva de desenvolvimento psicológico.

Na evolução do núcleo narcísico, apresenta o esquema baseado na dinâmica das emoções (Silva Dias, 1994, p. 115).

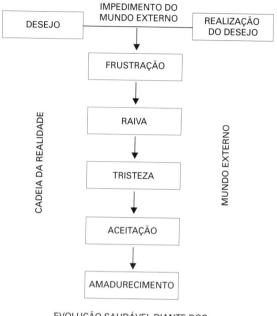

EVOLUÇÃO SAUDÁVEL DIANTE DOS
IMPEDIMENTOS DO MUNDO EXTERNO

Em relação ao tema referente às Defesas Narcísicas, baseadas na dinâmica das emoções, separo Emoções Primárias e Emoções Reativas ou Secundárias.

Esse esquema baseia-se na elaboração das emoções primárias. A principal característica dessas emoções é que são proporcionais às vivências externas. São emoções fortes, às vezes muito intensas, como tristeza diante de uma perda real, mas não se manifestam de forma dramática, exagerada, nem histriônica. As intensas cargas emocionais presentes nessas emoções se resolvem graças a uma expressão apropriada, que causa alívio, e a uma ação direcionada, que funciona como facilitadora para a elaboração dessa emoção e, como conseqüência, a aceitação no seu devido tempo. Elaboração de resolução das emoções de natureza primária na seqüência da evolução do narcisismo ocorre quando aceitamos e aprendemos a viver com o que não pode ser modificado. O contato com a emoção primária é suficiente para fortalecer a pessoa e gerar ações construtivas. Na maioria das vezes, não é necessário descarregar essas emoções. O sentir e o expressar são suficientes para causar o alívio possível. Em outras palavras, frustração, raiva, tristeza, como apresentadas no esquema acima, são descarregadas pelas vias apropriadas do sentir, expressar, elaborar e agir. Os outros tendem a se comover diante da manifestação de uma emoção primária.

A defesa à qual denominamos Emoções Reativas impede o desenvolvimento natural dessa seqüência emocional. Isso acontece quando as pessoas, de modo geral, e os narcisistas, em especial, defrontam-se com a frustração que a realidade necessariamente lhes impõe.

No esquema da dinâmica das emoções, as reativas funcionam como saídas laterais para evitar que a verdadeira emoção seja sentida, ou seja, a primária. São emoções com segunda intenção.

As emoções reativas funcionam como defesa na medida em que têm a função de manter acesa a chama da ilusão narcísica, de sustentar o Eu idealizado, a noção de perfeição e de ser especial, a possibilidade da realização incondicional do desejo e, principalmente, de manter o conceito de identidade inalterado, embora sem confirmação da realidade.

As emoções reativas evitam, portanto, contemplar e aceitar o NÃO da realidade. Na maioria das vezes, suas manifestações surgem com colorido dramático, de forma intensa,

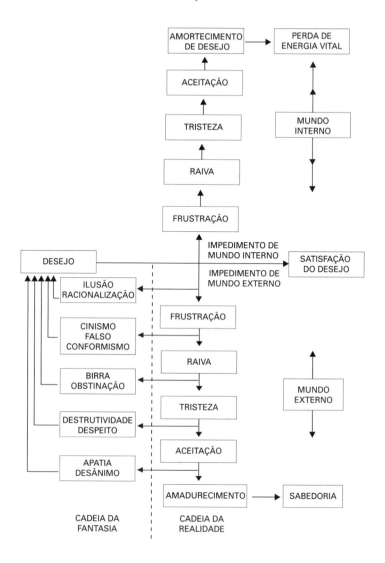

exagerada e desproporcional à situação vivida na realidade. Não são descarregadas, podem permanecer muito tempo atuando na esfera emocional, intoxicam, envenenam, pioram, intensificam-se e são retroalimentadas com a expressão, em vez de serem aliviadas.

No manejo das emoções reativas, muitas vezes trabalhamos com cenas de descarga com o objetivo não propriamente de resolver, mas simplesmente de abrir caminho para o contato com a emoção primária subjacente à emoção reativa e ajudar o paciente a não mais negar a evidência do Não, do limite, e começar o processo de questionamento de seu autoconceito narcísico.

Podemos dizer que sentir emoções primárias fortalece a pessoa e gera ações construtivas. O contrário acontece com as emoções reativas: com o tempo, enfraquecem e geram ações auto ou heterodestrutivas.

No esquema da evolução das emoções primárias, sentir frustração leva ao início do processo de modificação do autoconceito, tornando-o mais realista, mais compatível com a realidade. Sentir raiva dá continuidade à evolução, dá início à correção da percepção distorcida, e o "Eu real" começa a tomar forma diante do "Eu ideal". Sentir tristeza é reconhecer a soberania da realidade e a impotência diante do "Não real", do impedimento do mundo externo.

Adquirida e aceita a noção de limite, ocorre mudança na auto-imagem e no autoconceito da pessoa. Ela passa a compreender e a aceitar o mundo "como é" e seus próprios limites. O amadurecimento a leva a não desistir do desejo mas, sim, a aceitar a substituição deste, mobilizar a energia numa direção mais apropriada e direcionar ações na vida de forma construtiva.

Leva-a à correção da percepção comprometida, desde a fase estrutural, e, com isso, à noção do real potencial, de seu real tamanho no mundo. Com isso, ela desenvolve o bom senso e ganha sabedoria, com base na noção de humildade e gratidão de quem sabe, porque vivenciou e elaborou as questões da vida no plano da realidade.

Por outro lado, a análise das emoções reativas presentes nas saídas laterais levam para outra direção. Para evitar a frustração, o que significa continuar negando ou distorcendo as evidências da realidade, o narcisista monta o mecanismo de ilusão e vivencia essas emoções de segunda intenção para manter a ilusão narcísica.

Para analisarmos as reações do indivíduo diante dos impedimentos de mundo externo, dentro da cadeia da realidade, identificaremos algumas defesas egóicas que são muito utilizadas na patologia narcísica: as racionalizações, as justificativas, as evitações conscientes e as emoções reativas.

Vejamos um exemplo hipotético: Maria está apaixonada por Carlinhos e deseja namorá-lo. Isso causa uma tensão intrapsíquica em Maria, que aparentemente só será satisfeita se seu desejo for realizado, isto é: namorar o Carlinhos.

Dentro do Conceito de Identidade de Maria, ela seria uma ótima namorada para o Carlinhos, mas *ele não está apaixonado e não quer namorá-la!*

Esse não é um impedimento de mundo externo sobre o qual Maria tem pouco ou nenhum controle. À medida que Maria entra em contato com o não de Carlinhos, é criado um impasse entre o seu desejo e a realização desse desejo. Além disso, a auto-imagem de Maria fica abalada, pois seria uma honra para o Carlinhos namorar com ela. Maria se encontra apta a realizar o seu desejo, mas a realidade externa impede essa realização. A conseqüência disso é que Maria pode estar prestes a entrar em contato com um sentimento muito conhecido: *a frustração.*

A frustração é um sentimento diretamente ligado à *não-realização do desejo.*

Mas o fato de Maria sentir a frustração implica o reconhecimento de que existe um não externo que a obriga a se distanciar da realização do desejo, além de modificar sua auto- imagem. Ao sentir a frustração, Maria fica mais próxima da realidade, da sua avaliação real e do seu poder sobre o mundo externo. Vai ficando mais realista e menos idealista. Na medida em que não consegue absorver esse não, o psiquismo pode tentar elaborar essa tensão de forma diferente, lançando mão de um ardil para evitar o contato com o não externo e, com isso, manter a auto-imagem idealizada de Maria. Esse ardil é sempre um *mecanismo de ilusão e está ligado à fantasia, e não à realidade*. Pode impedir de sentir a frustração e também não reconhecer o não que foi colocado na realidade, utilizando uma defesa de racionalização, que funciona como uma saída lateral, uma porta de serviço, que mantém acesa a ilusão de que a realização do desejo foi apenas adiada e ainda pode ser satisfeita. Dessa forma, a auto-imagem idealizada de Maria continua a prevalecer sobre a sua imagem real. Ela pode utilizar algumas das seguintes racionalizações: "ele diz não, mas isso é porque ele tem medo de me namorar"; "ele diz não, porque a mãe dele não gosta de mim" etc. Maria não entra em contato com a situação real, mantém sua auto-imagem e somente adia a realização do desejo. Ela *não aceitou o não externo!*

Caso Maria sinta a frustração, mas continue a insistir no namoro e Carlinhos continue a se recusar, ela vai sentir, dentro da cadeia da realidade, um sentimento de *raiva*, de *revolta*.

A raiva está diretamente ligada *à aceitação do não externo*, com o distanciamento da realização do desejo e a modificação da auto-imagem idealizada. Mas Maria pode usar um novo ardil, uma nova saída lateral para evitar o contato com a realidade. A porta de saída lateral entre a frustração e a raiva está ligada a um conformismo aparente e ao cinismo (emoções reativas) e podem ser enunciados dentro da racionalização de: "ainda bem que ele não quer, eu não ia agüentar uma sogra como a mãe dele"; "ele não quer, mas tem muita gente melhor que ele que vai querer"; "é melhor não namorar um homem tão inseguro assim" etc. É a famosa frase da fábula de La Fontaine, quando o corvo diz que "as uvas estão verdes". De modo cínico, Maria consegue evitar o não real e mantém a ilusão sobre si mesma e sobre a realização do desejo. Continua a alimentar a cadeia da fantasia.

Caso Maria consiga sentir raiva e assim mesmo continuar insistindo, sob a recusa de Carlinhos, ela vai entrar no passo seguinte da cadeia da realidade, que é a *tristeza*.

A tristeza está relacionada a *reconhecer e admitir o não externo, reconhecer que ele existe*. É a constatação de que Carlinhos não a quer e ela não tem como impedir isso. É o reconhecimento da impotência de Maria diante da realidade externa. À medida que sente tristeza, chega mais perto de admitir a não-realização do desejo e a ser obrigada a modificar sua auto-imagem idealizada. Mas ela pode utilizar-se da porta lateral para não se sentir triste. Essa porta lateral fica localizada entre a raiva e a tristeza na cadeia da realidade e é uma emoção reativa de *birra e obstinação*. Pode ser enunciada como: "não importa que ele não quer, porque eu quero, eu quero, eu quero", ou "ele vai ter que me namorar, não vou dar sossego para ele" etc. Maria continua a lutar, obstinada e insistentemente, apesar do não de Carlinhos. Ela luta para manter acesa a ilusão da realização do desejo e evitar a reformulação da auto-imagem idealizada.

Se a tristeza tomar conta de Maria, ela entrará em contato com o passo seguinte da cadeia da realidade: a *aceitação*. Nesse momento, ela aceita o não externo, fica mais próxima da realidade e vai substituindo sua auto-imagem idealizada por uma imagem mais condizente com a real. Ela já não é tão ótima a ponto de Carlinhos ter de querê-la.

Mas ainda pode utilizar-se de uma porta lateral na cadeia da fantasia. Ela fica entre a tristeza e a aceitação, que está ligada ao *despeito,* à *destrutividade* e à *autodestrutividade.*

Pode ser enunciada por posturas do tipo: "ele não me quer, mas vou estragar todas as paqueras dele"; "eu acho que o Carlinhos é *gay*"; "eu não namoro mais; homem não presta"; "foi por causa do meu nariz, eu detesto esse nariz" etc. Dessa maneira, consegue achar um conjunto de justificativas que impedem o prosseguimento da cadeia de realidade e mantêm uma possibilidade de reconciliação com o não e a realização do desejo. É o popular: "morro, mas não me entrego".

Uma vez vivenciada a aceitação, Maria passa para o próximo e último passo da cadeia de realidade: o *amadurecimento*.

Ao aceitar o não externo, Maria passa também a aceitar *uma substituição para o desejo não realizado*. Passa a procurar outro tipo de solução para resolver, mesmo que parcialmente, a realização do desejo. Pode ser enunciado como: "bem, o Carlinhos não me quer, mas o Pedrinho está interessado", e assim passa a mobilizar seu desejo em relação a outro objeto mais factível. Isso propicia uma calma interna e uma descarga tensional, pois ela se sente desobrigada em relação à realização do desejo impossível e liberta para alcançar o desejo possível. Assim, consegue reformular a auto-imagem idealizada para uma auto-imagem real.

Mas entre a aceitação e o amadurecimento existe ainda uma última porta de saída lateral, que é o último baluarte na tentativa de manter a ilusão da possibilidade de realizar seu desejo. Essa porta está ligada à *apatia,* à *inércia* e ao *desânimo,* e pode ser enunciada como: "se ele não me quer, eu também não quero mais ninguém", ou "se não é do meu jeito, eu não brinco mais".

Dessa maneira, Maria desiste de lutar contra o não externo do Carlinhos, mas ao não aceitar a substituição, a ilusão da realização do desejo, mantém a auto-imagem idealizada.

Vemos duas formas interligadas de o indivíduo lidar com os impedimentos do mundo externo: uma delas é quando ele consegue vivenciar e aceitar a cadeia da realidade, passando por *frustração, raiva, tristeza, aceitação* e *amadurecimento,* e assim caminhando para a *sabedoria.* Essa vivência se estrutura em torno dos 4 aos 6 anos de idade e perdura por toda a vida. Sempre vamos ter desejos que não podem ser realizados, e cada um deles deve repassar a cadeia da realidade até podermos aceitar as possíveis substituições. A pessoa que consegue sentir e admitir toda essa seqüência está amadurecendo psicologicamente e entrando em contato com as emoções mais adultas, como o amor, a humildade, a gratidão e a perda da ilusão e da onipotência, abrindo caminho para a sabedoria. Para conseguir isso, é fundamental que esse indivíduo tenha *sua autopercepção em sintonia com sua percepção externa,* e para que isso aconteça é fundamental que ele tenha *uma área ambiente bem estruturada e bem delimitada.*

Outra forma de lidar com os impedimentos de mundo externo é o indivíduo utilizar-se da cadeia de fantasia, que é a seqüência da *ilusão, com racionalização, cinismo, birra, obs-*

tinação, despeito, destrutividade e *apatia*, o que lhe permite manter a ilusão onipotente da realização dos desejos impossíveis e de uma auto-imagem idealizada. Quando isso acontece e se cristaliza como uma diretriz de comportamento, dizemos que ele *não conseguiu completar o desenvolvimento do Núcleo Narcísico*.

A característica estrutural para que o indivíduo não consiga completar a cadeia de realidade é *quando não existe uma sintonia entre a sua autopercepção e a sua percepção externa, fruto de uma área ambiente mal-estruturada e mal delimitada*. A isso chamamos de Patologia Narcísica ou Narcisismo Patológico.

Com a resolução do narcisismo patológico, a pessoa passa a conhecer sua real potência no mundo, adquirindo bom senso para lidar com a realidade interna e externa e ganhando sabedoria. Esta repousa, assim, na capacidade de resolver o narcisismo patológico e renunciar ao narcisismo original. Em aceitar o mundo como ele é, em vez de como deveria ser, e, apesar disso, querer viver, desejar e lutar pelas causas possíveis. Também aceitar-se como é para, assim, poder crescer e mudar o que for possível. Esse amadurecimento traz como conseqüência a saída da carência e da solidão, do isolamento e da vulnerabilidade narcísicos.

A POSTURA TERAPÊUTICA NO TRATAMENTO DO NARCISISMO PATOLÓGICO

A postura do terapeuta no decorrer do processo psicoterápico poderá ser direcionada de acordo com a natureza do impedimento da realização do desejo.

O narcisismo patológico está ligado à *não-realização do desejo diante dos impedimentos de mundo externo*.

Muitas vezes, encontraremos situações psicodinâmicas em que o desejo não é realizado por impedimentos de mundo interno.

O psiquismo tende a funcionar com base na lei do princípio do prazer, buscando a realização do desejo. Os dois tipos de impedimento bloqueiam a realização do desejo, desencadeiam um foco de tensão intrapsíquico, interferem no equilíbrio emocional e bloqueiam a energia vital. A estratégia psicoterápica que leva à saúde mental se baseia na seguinte direção:

Impedimento de Mundo Externo (narcisismo): o terapeuta deve trabalhar para ajudar seu paciente a reconhecer, acatar e aceitar substituições do não externo.

Impedimento de Mundo Interno: o terapeuta deve trabalhar para ajudar o paciente a identificar, avaliar e confrontar o não interno, para poder dar vazão aos seus desejos e necessidades. Essa forma está descrita na seqüência da Pesquisa Intrapsíquica (Silva Dias, 1994).

A intervenção terapêutica para tratar o Narcisismo Patológico baseia-se em auxiliar o paciente a:

1 – Reconhecer que o impedimento é de mundo externo.

2 – Reconhecer e aceitar, após o teste de realidade, que esse impedimento é maior que sua própria potência. A realidade é soberana perante a fantasia. O "Como é" é soberano em relação ao "Como eu gostaria que fosse".

3 – Auxiliar a elaboração da dinâmica das emoções presentes na cadeia de realidade, identificando sua seqüência até chegar ao amadurecimento.

4 – O manejo das defesas presentes no narcisismo patológico, como justificativas, racionalizações, idealizações e emoções reativas, é feito principalmente por meio das técnicas do

espelho, com questionamentos, maximizações, interpolação de resistências e espelho com cenas de descarga.

Se o terapeuta erra a direção e estimula a aceitação dos impedimentos de mundo interno, promove o enfraquecimento do Eu, que ficará oprimido e anulado pelas Figuras de Mundo Interno, de caráter repressor. Esse tipo de direção leva ao conformismo, à resignação, à desistência do desejo e ao amortecimento psíquico.

Nesse caso, teríamos a seguinte seqüência na dinâmica das emoções:

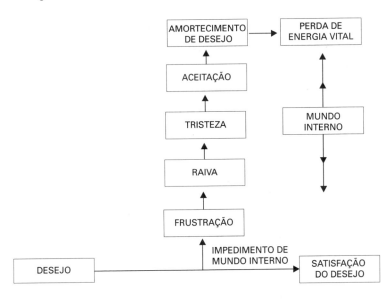

Esquema: terapia que trabalha no sentido da submissão aos impedimentos de mundo interno.

Quanto mais o paciente caminha na seqüência da dinâmica das emoções, mais distante vai ficando da possibilidade de realização do desejo e do seu verdadeiro Eu.

As emoções reativas mobilizadas na cadeia da fantasia, embora regredidas, inadequadas e desproporcionais, são mais saudáveis. Por exemplo, a birra, no mundo interno, embora seja expressão emocional, desproporcional e um comportamento regredido, significa um "Não" para o "Não interno". Ou seja, é a manifestação de uma luta interna do Eu para não ser oprimido e anulado pela Figura de Mundo Interno.

Saúde é exatamente a não-aceitação do impedimento de mundo interno e a transformação da birra numa expressão emocional potente e apropriada.

Por outro lado, se o terapeuta trabalha para estimular a atitude do paciente de não-aceitação dos impedimentos de mundo externo, ele atua para desenvolver o falso *self*. Estimula o narcisismo patológico em vez de tratá-lo. Trabalha em sintonia com as defesas narcísicas, intensificando-as.

Ao estimular o narcisismo patológico, fortalece o Eu ideal à custa do Eu real, o que leva o paciente a acreditar que tem uma potência que, na verdade, a realidade não comprova. O mais grave é que essa postura do terapeuta fornece ao paciente poderosos subsídios psicológicos teóricos para instrumentalizar cada vez mais seu Conceito de Identidade Narcísico.

A terapia torna-se iatrogênica ao estabelecer no *setting* terapêutico um sistema narcísico, em que o narcisismo patológico do terapeuta é retroalimentado pelo narcisismo patológico do paciente. Assim, um paciente que se considera um "Ser Especial" é sustentado por um terapeuta que também se considera um "Ser Especial".

Referências bibliográficas

ALMEIDA, W. C. *Defesas do ego: leitura didática de seus mecanismos*. São Paulo: Ágora, 1996.

ALMEIDA, W. C.; GONÇALEZ, C. S.; WOLFF, J. R. *Lições de psicodrama*. São Paulo: Ágora, 1980.

ANZIEU, D. *Psicodrama analítico*. Rio de Janeiro: Campus, 1981.

AZEVEDO, M. M. "Nascer de novo: terapia de uma condição intra-uterina". In: *Revista Reichiana*, n. 8. São Paulo, 1999.

BEDANI, A. "A bússola reichiana. O funcionalismo orgonômico". São Paulo, 1996. (Texto apostilado do autor.)

_____. "Uma conversa sobre o funcionalismo orgonômico". São Paulo, 1998. (Texto apostilado do autor.)

BERGERET, J.; FLORES, M. E. V. *A personalidade normal e patológica*. Porto Alegre: Artmed, 1998.

BERGERET, J.; REID, W. *Narcisismo e estados limites*. Lisboa: Escher, 1991.

BLERGER, J. *Simbiose e ambigüidade*. Rio de Janeiro: Francisco Alves, 1988.

BOADELLA, D. *Correntes da vida*. São Paulo: Summus, 1992.

_____. *Nos caminhos de Reich*. São Paulo: Summus, 1995.

BRENNAN, B. *A luz emergente*. São Paulo: Cultrix, 1993.

_____. *Mãos de luz*. São Paulo: Pensamento, 1987.

BUSNEL, M. C.; Soussumi, Y.; Cunha, I.; Odent, M. *Relação mãe–feto: visão atual das neurociências*. São Paulo: Casa do Psicólogo, 2002.

Bustos, D. M. *O psicodrama*. São Paulo: Summus, 1982.

_____. *Psicoterapia psicodramática*. São Paulo: Brasiliense, 1978.

CALEGARI, D. *Da teoria do corpo ao coração*. São Paulo: Summus, 2001.

CID–10. *Classificação de transtornos mentais e de comportamento*. Porto Alegre: Artmed, 1993.

CUKIER, R. *Psicodrama bipessoal*. São Paulo: Ágora, 1992.

_____. *Sobrevivência emocional*. São Paulo: Ágora, 1998.

DAMÁSIO, A. *Em busca de Espinosa: prazer e dor na ciência dos sentimentos*. São Paulo: Companhia das Letras, 2004.

DSM IV. *Critérios diagnósticos*. Porto Alegre: Artes Médicas, 1995.

FAIRBAIN, W. R. *Estudio psicanalítico de la personalidad*. Buenos Aires: Hormé, 1975.

FENICHEL, O. *Teoria psicanalítica das neuroses*. São Paulo: Atheneu, 2000.

FIGUEIRA, S. A. *Nos bastidores da psicanálise*. Rio de Janeiro: Imago, 1991.

FIGUEIRA, S. A. (org.). *Contratransferência: de Freud aos contemporâneos*. São Paulo: Casa do Psicólogo, 1994.

FONSECA FILHO, J. S. *Psicodrama da loucura*. São Paulo: Ágora, 1980.

_____. *Psicoterapia da relação*. São Paulo: Ágora, 2000.

FREUD, A. *O ego e os mecanismos de defesa*. Rio de Janeiro: Civilização Brasileira, 1977.

FREUD, S. *A dinâmica da transferência*. Rio de Janeiro: Imago, ed. *standard*, v. 12, 1970a.

_____. *A divisão do ego no processo de defesa*. Rio de Janeiro: Imago, ed. *standard*, v. 23, 1970b.

_____. *Análise terminável e interminável*. Rio de Janeiro: Imago, ed. *standard*, v. 23, 1970c.

_____. *As perspectivas futuras da terapêutica psicanalítica*. Rio de Janeiro: Imago, ed. *standard*, v. 11, 1970d.

_____. *Luto e melancolia*. Rio de Janeiro: Imago, v. 14, 1969a, p. 275.

_____. *Novas conferências introdutórias sobre psicanálise*. Rio de Janeiro: Imago, ed. *standard*, v. 22, 1970e.

_____. *O caso Schereber*. Rio de Janeiro: Imago, v. 12, 1969b, p. 23.

_____. *O ego e o id*. Rio de Janeiro: Imago, v. 1, 1976a.

_____. *O inconsciente*. Rio de Janeiro: Imago, ed. *standard*, v. 14, 1970f.

_____. *Para além do princípio do prazer*. Rio de Janeiro: Imago, ed. *standard*, v. 1, 1976b.

_____. *Recomendações aos médicos que exercem a psicanálise*. Rio de Janeiro: Imago, ed. *standard*, v. 12, 1970g.

_____. "Sobre o narcisismo: uma introdução". Rio de Janeiro: Imago, v. 14, 1974, p. 89.

VICTOR R. C. S. DIAS - VIRGÍNIA DE ARAÚJO SILVA

_____. *Três ensaios sobre a sexualidade*. Rio de Janeiro: Imago, v. 7, 1969c, p. 119.

GABBARD, G. *Psiquiatria psicodinâmica*. Porto Alegre: Artmed, 1998.

GALLO, S. A. "Melanie Klein". In: FIGUEIRA, S. A (org.). *Contratransferência: de Freud aos contemporâneos*. São Paulo: Casa do Psicólogo, 1994.

KAPLAN, H. I.; GREBB, J.A.; SADOCK, B.J. *Compêndio de psiquiatria*. Porto Alegre: Artmed, 1977.

KERNBERG, O. *Psicoterapia psicodinâmica de pacientes borderline*. Porto Alegre: Artmed, 1991.

_____. *Transtornos graves de personalidade*. Porto Alegre: Artmed, 1995.

KESTEMBERG, E.; JEAMMET, P. *O psicodrama psicanalítico*. Campinas: Papirus, 1989.

KHOUT, H. *Self e narcisismo*. Rio de Janeiro: Zahar, 1984.

KLEIN, M. *Amor, ódio e reparação*. Rio de Janeiro: Imago, 1975.

_____. *Inveja e gratidão*. Rio de Janeiro: Imago, 1984.

LAING, R. D. *O eu dividido*. Petrópolis: Vozes, 1982.

_____. *O eu e os outros*. Petrópolis: Vozes, 1978.

LAPLANCHE, J.; PONTALIS, J. B. *Vocabulário da psicanálise*. São Paulo: Martins Fontes, 1991.

LOWEN, A. *Bioenergética*. São Paulo: Summus, 1982.

_____. *Narcisismo*. São Paulo: Cultrix, 1983.

_____. *O corpo em terapia*. São Paulo: Summus, 1977.

_____. *O corpo traído*. São Paulo: Summus, 1979.

MORENO, J. L. *Fundamentos do psicodrama*. São Paulo: Summus, 1984a.

_____. *Las bases de la psicoterapia*. Buenos Aires: Paidós, 1967.

_____. *O teatro da espontaneidade.* São Paulo: Summus, 1984b.

_____. *Psicodrama.* São Paulo: Cultrix, 1975.

_____. *Psicoterapia de grupo e psicodrama.* São Paulo: Mestre Jou, 1974.

NAFFAH NETO, A. *Psicodrama. Descolonizando o imaginário.* São Paulo: Brasiliense, 1979.

OLIVEIRA, B. S. M. "Paula Heimann". In: FIGUEIRA, S. A. (org.). *Contratransferência: de Freud aos contemporâneos.* São Paulo: Casa do psicólogo, 1994.

PIERRAKOS, J. *A energética da essência.* São Paulo: Pensamento, 1987.

RAMOS, H. M. "Michael Balint e Donald Winnicott". In: FIGUEIRA, S. A. (org.). *Contratransferência: de Freud aos contemporâneos.* São Paulo: Casa do Psicólogo, 1994.

REICH, W. *A função do orgasmo.* São Paulo: Brasiliense, 1975.

_____. *Análise do caráter.* São Paulo: Martins Fontes, 1972.

REVISTA *Brasileira de Psicanálise.* "Narcisismo". São Paulo, v. 27, nº 3, 1993.

ROJAS-BERMÚDEZ, J. G. *Introdução ao psicodrama.* São Paulo: Mestre Jou, 1977.

_____. *Núcleo do eu.* São Paulo: Natura, 1978.

_____. *Que és el psicodrama.* Buenos Aires: Genitor, 1975.

SANDLER, J. *Projeção, identificação, identificação projetiva.* Porto Alegre: Artmed, 1987.

SANDLER, J.; DARE, C.; HOLDER, A. *O paciente e o analista.* Rio de Janeiro: Imago, 1973.

SCHNEIDER, K. *Las personalidades psicopáticas.* Madri: Morata, 1965.

_____. *Psicopatologia clínica*. Madri: Paz Montalvo, 1963.

SCHUTZENBERGER, A. A.; WEIL, P. *Psicodrama triádico*. São Paulo: Mestre Jou, 1967.

SILVA DIAS, V. R. C. *Análise psicodramática*. São Paulo: Ágora, 1994.

_____. *Psicodrama: teoria e prática*. São Paulo: Ágora, 1987.

_____. *Psicopatologia e psicodinâmica na análise psicodramática*, vol. 1. São Paulo: Ágora, 2006.

_____. *Sonhos e psicodrama interno*. São Paulo: Ágora, 1996.

_____. *Vínculo conjugal na análise psicodramática*. São Paulo: Ágora, 2000.

SILVA DIAS, V. R. C.; TIBA, I. *Núcleo do eu*. São Paulo: edição dos autores, 1977.

WINNICOTT, D.W. *O brincar e a realidade*. Rio de Janeiro: Imago, 1975.

_____. *O ódio na contratransferência. Textos selecionados: da pediatria à psicanálise*. Rio de Janeiro: Francisco Alves, 1978.

Os autores

Victor Roberto Ciacco da Silva Dias nasceu em São João da Boa Vista, estado de São Paulo. Formou-se em Psiquiatria pela Faculdade de Medicina da Universidade de São Paulo e em Psicodrama pela Associação Brasileira de Psicodrama e Sociodrama. Trabalha como psicodramatista desde 1972. Exerceu e exerce a função didática nas principais entidades de ensino de Psicodrama do Brasil. Foi secretário e presidente do Conselho da Federação Brasileira de Psicodrama e coordenador-geral do Departamento de Psicodrama do Instituto Sedes Sapientiae. Fundador e coordenador da Escola Paulista de Psicodrama (EPP), tem mais cinco livros publicados pela Editora Ágora: *Análise psicodramática – Teoria da programação cenestésica; Psicodrama – Teoria e prática; Sonhos e psicodrama interno na análise psicodramática; Sonhos e símbolos na análise psicodramática – Glossário de símbolos; e Vínculo conjugal na análise psicodramática – Diagnóstico estrutural dos casamentos.*

Virgínia de Araújo Silva é formada em Psicologia pela Universidade Estadual de Londrina, Paraná.

Especializou-se em Psicodrama no Instituto Sedes Sapientiae, em São Paulo, e em Análise Psicodramática na Escola Paulista de Psicodrama (EPP), também em São Paulo.

É titulada como supervisora didata em Psicodrama pela Federação Brasileira de Psicodrama (Febrap).

Atualmente exerce atividade clínica em consultório, como psicoterapeuta, e atividade didática, como professora e supervisora na Escola Paulista de Psicodrama (EPP).

IMPRESSO NA

sumago gráfica editorial ltda
rua itauna, 789 vila maria
02111-031 são paulo sp
telefax 11 6955 5636
sumago@terra.com.br